Johann Jacob Bernoulli

Die erhaltenen Darstellungen Alexanders des Großen

Ein Nachtrag zur griechischen Ikonographie

EHV
HISTORY

Johann Jacob Bernoulli

Die erhaltenen Darstellungen Alexanders des Großen

Ein Nachtrag zur griechischen Ikonographie

ISBN/EAN: 9783955643027

Auflage: 1

Erscheinungsjahr: 2013

Erscheinungsort: Bremen, Deutschland

Die erhaltenen Darstellungen
Alexanders des Grossen

Ein Nachtrag
zur griechischen Ikonographie

von

J. J. Bernoulli

München
Verlagsanstalt F. Bruckmann A.-G.
1905

Vorwort

Zu der grundlegenden Arbeit FR. KÖPP'S *Über das Bildnis Alexanders des Grossen im 52ten Berliner Winckelmannsprogramm 1892* ist vor zwei Jahren die französische Monographie von UJFALVY *Le type physique d'Alexandre le Grand*, und im vorigen Jahr die deutsche von TH. SCHREIBER *Studien über das Bildnis Alexanders des Grossen, ein Beitrag zur alexandrinischen Kunstgeschichte*, gekommen. Davon kann allerdings nur die letztere als eine kritische Förderung der Bildnisfrage betrachtet werden, da Ujfalvy sich in der Hauptsache begnügt, eine möglichst vollständige Zusammenstellung des bis dahin bekannten Materials, sowohl der ikonographischen Notizen über Alexander als der auf ihn bezogenen Denkmäler zu geben. Köpp und Schreiber dagegen verfolgen das Ziel, das Wahre vom Falschen zu unterscheiden und aus dem Wust der Deutungen und Vermutungen das echte Bild Alexanders erstehen zu lassen. Köpp thut es in einem Entwurf oder einer Skizze, Schreiber in einer den ganzen Denkmälerkreis umfassenden Untersuchung, beide mit vollkommener Sachkenntnis und nach bewährter Methode; und doch ist der Alexander des Einen in dem Alexander des Andern kaum mehr zu erkennen.

Und dieser Zwiespalt der Meinungen zeigt sich auf dem ganzen Gebiet der Alexander-Ikonographie. Ausser den Genannten haben auch STARK, SAL. REINACH, HELBIG, FURTWÄNGLER, WINTER, ARNDT u. And. sich mehrfach über einzelne einschlägige Denkmäler ausgesprochen. Und von zwei Seiten sind nochmals Versuche gemacht worden, eine Anzahl derselben in grösserem Zusammenhang zu behandeln: von O. WULFF *Alexander mit der Lanze, eine Bronzestatuette der Sammlung Nelidow, Berl. 1898*, und von O. WALDHAUER *Über einige Porträts Alexanders des Grossen, Inaugural-Dissertation zur Erl. der*

Doctorwürde, München 1903. Jeder von diesen Gelehrten stellt seine besondere, von der der Andern meist weit verschiedene Serie von Alexanderbildnissen auf, und jeder mit Berufung auf dieselben oder nahezu dieselben Quellen. Man fragt, wie ist es möglich, auf dem gleichen Wege zu so widersprechenden Resultaten zu gelangen?

An dem grösseren oder kleineren Umfang des zur Verfügung stehenden Materials kann es nicht liegen. Denn die neuen alexandrinischen Bildwerke und die kleinen Bronzen, die z. B. Schreiber herbeigezogen, sind wohl eine wesentliche Bereicherung desselben und können im einzelnen Fall fruchtbringend für die Deutungen verwendet werden; aber sie stossen das nicht um, was bereits Köpp in den Grundzügen entworfen hat. Und ebensowenig liegt es an der befolgten Methode. Denn Alle verfahren ziemlich nach dem gleichen einfachen und richtigen Prinzip, auf Grund der überlieferten Schriftzeugnisse und der erhaltenen äusserlich beglaubigten Darstellungen die Denkmäler zu bestimmen, welche als Bildnisse Alexanders betrachtet werden dürfen. Es liegt nicht an der Methode, sondern an der Anwendung derselben, an der verschiedenen Abschätzung des Ähnlichkeitsgrades bei Vergleichungen und der Subjektivität der Schlüsse, die daraus gezogen werden. Und dann allerdings auch an dem Gegenstand selbst, sowohl an den ikonographischen Quellen, dem unklaren Sinn der Schriftzeugnisse und dem mangelhaften Zustand und Kunstwert der monumentalen Vorbilder, als an dem Charakter der zu vergleichenden Denkmäler, welche fast alle zwischen Porträt und Idealbild schwanken. Mit unsicheren Mitteln lassen sich keine sicheren und übereinstimmenden Resultate erzielen. – Auch der Verfasser dieses Nachtrags ist weit entfernt, solche in Aussicht stellen zu können. Was er giebt, ist stofflich das Alte, nur in teilweise anderer Beleuchtung oder mit anderen Augen betrachtet und, wie er glaubt, mit bestimmterer Unterscheidung des Wahrscheinlichen und des Möglichen, da doch von absoluter Sicherheit auch nicht ein einziges Mal die Rede sein kann. Man wird vielleicht finden, wenn er nicht mehr zu bieten hatte, so wäre es nicht nötig gewesen, ein neues Buch zu schreiben; er hätte es mit einer blossen Kritik des Bisherigen bewenden lassen können. Das Letztere war nach dem Erscheinen der Schreiber'schen Monographie auch wirklich seine Absicht. Aber die überall sich ergebende Nötigung auf Quellenfragen zurückzugehen oder andere, selbst unbedeutende und falsch benannte Denkmäler zur Vergleichung herbeizuziehen, gaben schliesslich den Ausschlag dafür, die Form der ikonographischen Gesammtbetrachtung, in der ein Teil des Manuscriptes bereits abgefasst war, beizubehalten. – Der Verfasser hofft um so mehr auf Entschuldigung rechnen zu dürfen, als sich seine Arbeit nur in dieser Form, oder jedenfalls in dieser Form am besten, an die „Griechische Ikonographie" anschliesst.

Vitznau, im August 1904

J. J. BERNOULLI.

INHALTSÜBERSICHT

VERZEICHNIS DER ABBILDUNGEN

A. Textillustrationen

B. Tafeln

Zeittafel

Der Altersverhältnisse halber, auf welche bei der Bestimmung der Bildnisse häufig Rücksicht genommen werden muss, schicken wir die hauptsächlichsten Daten aus der Geschichte Alexanders voraus:

356 v. Chr. Alexander wird geboren als Sohn des Königs Philipp und der Olympias.

343. Philipp beruft den Aristoteles zur Erziehung des 13jährigen Prinzen.

339. Alexander Statthalter von Makedonien während Philipps Abwesenheit.

338. Schlacht bei Chaeronea, Alexander 18jährig. Verstossung der Olympias. Heirat Philipps mit Kleopatra.

336. Ermordung Philipps. Alexander wird König, 20jährig. Er wird in Korinth zum Feldherrn der Hellenen gegen die Perser ernannt.

335. Er zieht gegen die Illyrier. Aufstand der Griechen; Thebens Fall.

334. Beginn des Perserzugs, Alexander 22jährig. Schlacht am Granikos. Alexander in Lydien und Karien.

333. Zug nach Tarsos. Schlacht bei Issos, Flucht des Dareios.

332. Eroberung von Tyros. Zug nach Aegypten und zum Ammonium.

331. Alexander über den Euphrat, Schlachten bei Arbela und Gaugamela. Alexander in Babylon, Susa und Persopolis. Orientalische Lebensformen.

330. Zug nach Medien. Tod des Dareios, Alexander König von Persien, 26jährig; Annahme des Diadems. Unzufriedenheit der Makedoner; Tod des Philotas und Parmenio.

329. Alexander in Baktrien und Sogdiana. Vermählung mit Roxane, der Tochter des baktrischen Fürsten Oxyartes.
328—327. Unterwerfung des ost-iranischen Landes.
326. Überschreitung des Indos. Schlacht am Hydaspes, König Poros sein Vasall.
325. Fahrt zur Indosmündung. Rückzug durch die Wüste Gedrosien.
324. Ankunft in Susa; Festlichkeiten und Hochzeiten. Aufenthalt in Ekbatana, Hephaestions Tod.
323. Alexander nach Babylon. Totenfeier für Hephaestion. Alexander vom Fieber ergriffen, stirbt 32 Jahre u. 8 Monate alt.

Litterarisch überlieferte Darstellungen

Bekanntlich reden die Schriftsteller der Kaiserzeit (Horaz, Plinius, Plutarch, Apulejus)[1] von einem Gebot Alexanders, wonach nur Lysippos, Apelles und Pyrgoteles sein Bildnis hätten darstellen dürfen, damit es vollkommen echt und würdig der Nachwelt überliefert würde; ja, Apulejus[2] möchte uns glauben machen, dass jeder Versuch eines Anderen als sacrilegium gegolten hätte: anekdotenhafte Übertreibungen der sehr natürlichen Tatsache, dass Alexander nur die vorzüglichsten Künstler sein Bildnis nach dem Leben aufnehmen liess. Immerhin werden auch Euphranor und Leochares unter den Alexanderdarstellern genannt, von denen nicht anzunehmen, dass sie die Züge bloss von Lysipp entlehnt hätten. Auch arbeitete Lysippos, so viel wir wissen, bloss in Erz; und Alexander wird sich nicht prinzipiell ablehnend gegen Marmor verhalten haben.

Von den Werken des Lysipp, deren es sehr viele gab und aus allen Phasen von Alexanders Leben (Plin. 34. 63), sind speziell überliefert:

Je nach der Erklärung der eben citierten Stelle eine Knabenstatue, die später nach Rom kam und durch Nero vergoldet wurde: *Fecit et Alexandrum Magnum multis operibus, a pueritia ejus orsus; quam statuam inaurari jussit Nero princeps delectatus admodum illa.* Urlichs, Benndorf, Wulff, Schreiber beziehen das *quam statuam* auf *a pueritia ejus orsus*; allerdings eine gewaltsame Construction, aber dem Texte nach das einzig Mögliche. Bergk, Brunn, Overbeck nehmen an, dass das *fecit et Alexandrum* ein Einschiebsel an un-

[1] S. die ausgeschriebenen Stellen bei Overbeck Schriftquellen n. 1446—1448; 1479.
[2] Florida p. 117. Bip.

rechter Stelle sei, und dass sich das *quam statuam* auf die vorher erwähnte *quadriga cum sole Rhodiorum* beziehe.

Sodann eine mehrfach bei Plutarch und Himerius erwähnte Erzstatue mit der Lanze in der Hand als dem Attribut des Welteroberers; wahrscheinlich identisch mit der anderswo von Plutarch als aufwärts blickend beschriebenen, auf deren Basis später das Distichon:

αὐδασοῦντι δ' ἔοικεν ὁ χάλκεος εἰς Δία λεύσσων·
γᾶν ὑπ' ἐμοὶ τίθεμαι, Ζεῦ, σὺ δ' Ὄλυμπον ἔχε.[1]

Von Lysipp und Leochares zusammen:

Eine Erzgruppe, welche Krateros nach Delphi weihte: Alexander auf der Löwenjagd von Hunden umgeben, Krateros dem bedrängten König zu Hilfe eilend.[2] Bei den französischen Ausgrabungen wurde die metrische Weihinschrift und somit auch der Ort, wo die Gruppe aufgestellt war, wieder entdeckt, ein Gemach rechts von der Treppe, welche vom Tempel zum Theater führt.[3] Danach war es der jüngere Krateros, welcher die Gruppe weihte. (S. unten: Beziehungen zu überl. Denkm.)

Ohne Zweifel war Alexander auch in der Reitergruppe dargestellt, welche Lysippos in seinem Auftrag zum Andenken an die fünfundzwanzig (nach Arrian Exp. Alex I. 16. 7) am Granikos gefallenen ἑταῖροι verfertigte.[4] Die meisten Berichterstatter reden zwar bloss von den Genossen, Vellejus aber ausdrücklich auch von ihm selbst *(equitum statuas et ipsius quoque)*. In anderer Beziehung freilich scheinen Arrian und Plutarch eine richtigere Idee von dem Kunstwerk zu geben, indem es sich nach ihnen mehr um eine Serie von einzelnen Reiterstatuen als um eine zusammenhängende Gruppe handelte. Nur Vellejus und Plinius sprechen von einer *turma*. Eben dieselben von einer *summa omnium similitudine*, was offenbar ein willkürlicher oder übertreibender Zusatz, da die Gefallenen nur aus der Erinnerung oder nach Angaben zweiter Hand dargestellt werden konnten.

Von Apelles sodann werden folgende Alexanderbildnisse genannt:

[1] S. die Stellen bei Overbeck Schriftquellen 1479—1484.

[2] Plin. 34, 64; Plut. Alex. 40: ὧν τὰ μὲν Λύσιππος ἔπλασε, τὰ δὲ Λεωχάρης.

[3] S. Perdrizet *Venatio Alexandri,* im Journ. of hell. Stud. 1899, p. 273, wo auch die Inschrift.

[4] Overbeck Schriftquellen 1485—1489.

Alexander mit dem Blitz im Artemision zu Ephesos,[1] an dem besonders das perspektivische Heraustreten des den Blitz haltenden Armes bewundert wurde.[2]

Alexander zu Pferde in Ephesos, nach einer von Aelian Var. hist. II. 3 erzählten Anekdote. Wenn die letztere nicht erfunden, so muss das Bild vor 334 (Einzug Alexanders in Ephesos) gemalt worden sein.[3]

Alexander auf einem Triumphwagen und der gefesselte Kriegsdaemon *(belli imaginem restrictis ad terga manibus)*.[4] Letzterer nach Wüstmann ein missverstandener Barbarenkrieger und das Ganze ein Denkmal für den Sieg bei Issos 333. Das Gemälde schmückte später das Forum des Augustus. Claudius liess das Bildnis des Alexander durch das des Augustus ersetzen.[5]

Alexander mit den Dioskuren und der Nike, später ebenfalls in Rom.[6] „Vielleicht so, dass Nike den Alexander krönte, während die Dioskuren auf die beiden Seiten dieser Hauptgruppe vertheilt waren". Brunn Kstlergesch. II. 210.

Von Pyrgoteles wird kein einzelnes Werk namhaft gemacht.[7]

Ausser diesen drei Künstlern kennen wir als Urheber von Alexanderdarstellungen noch folgende Bildhauer und Maler, meist Zeitgenossen des Königs:

Zunächst noch einmal Leochares von Athen mit den Goldelfenbeinstatuen der Familienangehörigen Alexanders im Philippeion zu Olympia,[8] nach der Schlacht bei Chaeronea errichtet.

Dann Euphranor von Korinth: Erzstatuen des Alexander und des Philippos auf Quadrigen.[9]

Euthykrates, Sohn und Schüler des Lysippos: Alexander als Jäger zu Thespiae, nach der Interpunction von Urlichs, Jan, Overbeck, welche *venatorem* auf Alexander beziehen.[10] – Ob auch sein Reitertreffen[11] die Figur des Alexander enthielt, ist sehr zweifelhaft.

Chaereas: Statuen des Alexander und seines Vaters Philipp.[12]

[1] Overbeck Schriftquellen 1875—1878.

[2] Plin. 35, 92.

[3] Vgl. Wüstmann Apelles p. 52.

[4] Plin. 35, 93.

[5] Vgl. Overb. Schriftquellen 1879—1880.

[6] Plin. 35, 93.

[7] Vgl. Brunn Künstlergesch. II. 469.

[8] Paus. V. 20, 9.

[9] Plin. 34, 78.

[10] *Optime expressit Herculem Delphis et Alexandrum Thespiis venatorem et proelium equestre.* Plin 34, 66.

[11] Plin. ib.

[12] Plin. 34, 75.

Nach Helbig wäre der Künstler identisch mit Chares von Rhodos, was auch Furtwängler und Schreiber billigen (s. unten: Beziehungen zu überl. Denkm.).

Von Malern werden genannt:

PROTOGENES aus Karien: Alexander und Pan.[1] Aus der Zusammenstellung ist zu schliessen, dass Alexander mit Beziehung auf seinen Indierzug als neuer Dionysos dargestellt war.[2] Als zweiter indischer Dionysos erscheint er auch bei Lucian Dial. mort. 14. princ. et fin.

NIKIAS von Athen: *Alexander in Pompeji porticibus praecellens.*[3]

AËTION: Hochzeit des Alexander mit Roxane, beschrieben von Lucian.[4] Das dargestellte Ereignis fällt ins Jahr 328.

ANTIPHILOS aus Aegypten: Philipp und Alexander mit Athena, zu Plinius Zeit in der Porticus Octaviae zu Rom. Ausserdem Alexander als Knabe.[5]

PHILOXENOS von Eretria: *Alexandri proelium cum Dario,*[6] für Kassander gemalt.

HELENA, die Tochter des Aegypters Timon, ebenfalls eine Zeitgenossin Alexanders, malte die Schlacht bei Issos.[7]

Alexanderstatuen, deren Urheber unbekannt, befanden sich:

Beim Odeion in Athen.[8]

Beim Zeustempel in Olympia: Statue in Gestalt des Zeus (Διὶ εἰκασμένος),[9] in römischer Zeit von einem Korinther geweiht. Purgold wollte auf sie einen in Olympia gefundenen Colossaltorso (abgeb. Ausgr. v. Ol. III. 52. 2) beziehen. Aber derselbe stand nicht im Freien wie der Alexander und stellte wahrscheinlich den Augustus dar.[10]

Ebenda eine Reiterstatue,[11] wovon die Basis wieder gefunden wurde (Baudenkmäler v. Olympia p. 157).

In Alexandria: Reiterstatue, der König ohne Helm dahinsprengend mit strahlenartig flatterndem Haar.[12]

[1] Plin. 35, 106.
[2] Brunn, Künstlergesch. II. 239f.
[3] Plin. 35, 132.
[4] Brunn, Künstlergesch. II. 246.
[5] Plin. 35, 114.
[6] Plin. 35, 110.
[7] Photius p. 248, Höschel.
[8] Paus. I. 9, 4.
[9] Paus. V. 25, I.
[10] Jahrb. d. Inst. XI. 1896. Anz. p. 97.
[11] Paus. VI. 11, 1.
[12] Libanius Ecphr. IV. p. 1120: ed. Reiske.

Beim Tempel des Herakles in Gades.[1]

Der Leichenwagen Alexanders war mit einem bemalten Fries geschmückt, darauf der König auf einem Wagen, mit Scepter in der Hand.[2]

Über Standbilder Alexanders, aufgeführt an der Pompa des Ptolemaeos II., darunter ein goldenes umgeben von Nike und Athena, s. Athenaeos V. p. 202a.[3]

Eine Erneuerung seines Andenkens und damit verbunden die Aufstellung neuer Alexanderbildnisse erfolgte dann unter Caracalla und Alexander Severus. Caracalla trug bekanntlich eine lächerliche Verehrung für Alexander zur Schau, indem er nicht nur in vielen Äusserlichkeiten sich als einen zweiten Alexander gerierte – vielleicht sollte die Kopfwendung seiner eigenen Büsten an die von Alexander bekannte Eigentümlichkeit erinnern –, sondern auch Rom und dessen Tempel mit Alexanders Bildnissen anfüllte.[4] – Denselben Kult, nur in weniger aufdringlicher Form, treffen wir dann bei Alexander Severus, der seinen grossen Namensvetter unter den oberen Genien in seiner Hauskapelle verehrte.[5]

Daneben soll es namentlich eine Eigentümlichkeit der macrianischen Familie (ein Macrianus mit seinen Söhnen war Gegenkaiser des Gallien) gewesen sein, das Bildnis Alexanders auf Siegelringen zu tragen und zum Schmuck von Silbergeschirr und Stickereien zu verwenden. Trebellius Pollio hebt eine Trinkschale von Elektron im Besitz des zu dieser Familie gehörigen Cornelius Macer hervor, wo in der Mitte Alexanders Kopf, auf der äusseren Fläche dessen ganze Geschichte in kleinen Figuren dargestellt war. Es galt für glückbringend, Alexanders Bild in Gold oder Silber bei sich zu tragen.[6]

[1] Suet. Jul. 7.
[2] Diod. XVIII. 26.
[3] Diese und die vorige Stelle ausgeschrieben bei Overbeck Schriftqu. 1984 u. 1990.
[4] Vgl. Dio Cassius 77. 7; Herodian Hist. IV. 8; Spartian Carac. 2.
[5] Lamprid. Sev. Al. 31.
[6] Treb. Pollio Trig. tyr. 14.

Ikonographische Quellen

Die Hilfsmittel zur Bestimmung der Alexanderbildnisse zerfallen in litterarische und monumentale, die letzteren wieder in Büsten oder Statuen, Münzen und Gemälde. Wir erörtern zunächst die litterarischen, d. h.

1. Die Nachrichten der Schriftsteller

über seine äussere Erscheinung und die ihn darstellenden Bilder.[1] Leider gehen dieselben nicht weiter zurück als Plutarch, und dieser scheint hauptsächlich nach einigen ihm bekannten lysippischen Statuen zu urteilen (οἱ Λυσίππειοι τῶν ἀνδριάντων. Vit. Alex. 4), so dass seine Angaben nicht zwingend für den Gesamtbestand der Bildnisse sein können.

„Die äussere Gestalt Alexanders," heisst es a. a. O., „zeigen von allen Statuen die des Lysippos am besten, von dem er auch allein dargestellt sein wollte. Denn auch das, was später viele seiner Nachfolger und Freunde nachahmten, die leichte Streckung des Halses nach der linken Seite (τὴν ἀνάτασιν τοῦ αὐχένος εἰς εὐώνυμον ἡσυχῇ κεκλιμένου) und den feuchten Blick (τὴν ὑγρότητα τῶν ὀμμάτων) hat der Künstler genau wiedergegeben." Und an einer anderen Stelle (De Alex. fort. seu virt. II. 2) sagt derselbe Schriftsteller:

[1] Vgl. die entsprechenden Abschnitte bei Ujfalvy Le type physique d'Alexandre p. 17—31; Schreiber Studien p. 9ff. und p. 213ff.; Waldhauer Über einige Porträts p. 5—16.

„Lysippos allein, wie es scheint, wusste den Charakter (τὸ ἦθος) Alexanders in Erz auszuprägen und die äussere Wohlgestalt mit dem Ausdruck seiner Tatkraft (τῇ μορφῇ τὴν ἀρετήν) zu vereinen. Die Anderen aber, indem sie die Wendung (ἀποστροφήν) des Halses, sowie den Schmelz (διάχυσιν) und die Feuchtigkeit der Augen nachbilden wollten, bewahrten nicht (genug) das Mannhafte (ἀῤῥενωπόν) und Löwenähnliche (λεοντῶδες) seiner Erscheinung.

Was Plutarch unter der διάχυσις und ὑγρότης versteht, ist schwer zu sagen. Jedenfalls kann nicht der schmachtende Blick der Aphrodite gemeint sein, denn diesen hätte auch Lysippos nicht mit dem Löwenhaften in Eins zu verschmelzen vermocht. Plutarch scheint im Gegenteil sagen zu wollen, dass Lysipp den feuchten Blick seines Helden niemals ins Schmachtende oder Unmännliche herabsinken liess, wie manche der anderen Künstler. Der Charakter des Blickes hing wohl mit der Gewohnheit Alexanders zusammen, den Kopf etwas nach oben gerichtet zu halten (Λυσίππου δὲ τὸ πρῶτον Ἀλέξανδρον πλάσαντος ἄνω βλέποντα τῷ προσώπῳ πρὸς τὸν οὐρανόν, ὥσπερ αὐτὸς εἰώθει βλέπειν Ἀλέξανδρος ἡσυχῇ παρεκλίνων τὸν τράχηλον).[1] Diese Richtung mochte demselben etwas Schwärmerisches geben, was dann bei den Schriftstellern in Ermanglung eines zutreffenderen Ausdrucks als διάχυσις und ὑγρότης bezeichnet wurde. Die Erklärung Visconti's,[2] ὑγρότης bedeute so viel als Glanz und Leuchtkraft, ist mehr eine Zerhauung des Knotens, als eine Lösung, und wird durch die Berufung auf die *laeti oculi* des Solin[3] nicht hinreichend gerechtfertigt.

Auch das λεοντῶδες wird verschieden gedeutet. Genau genommen ist es nur ein synonymer Ausdruck von ἀῤῥενωπός, die löwenhaften Eigenschaften von Mut und Kühnheit, verbunden mit Majestät der Erscheinung, bezeichnend. Gewöhnlich giebt man ihm aber noch eine weitere Bedeutung, indem man es auf das mähnenartige Haupthaar Alexanders bezieht, das uns die beglaubigten Bildnisse kennen lehren. Für die Ikonographie ist es gleichgiltig, ob die Löwenmähne Alexanders aus den Denkmälern oder aus der Stelle des Plutarch abgeleitet wird. Aber richtig ist nur das Erstere. Die Vereinigung der Löwenmähne mit dem feuchten Blick konnte nicht wohl eine besondere Schwierigkeit für die Künstler bilden. Dagegen bedurfte es des Genius eines Lysipp, um die dem Alexan-

[1] Plut. De Alex. fort. seu virt. II. 2.
[2] Icon. gr. II. p. 63 Anm. 3.
[3] Sol. Coll. rer. memor. IX. 20.

der eigene Kühnheit und Majestät mit jenem Blick in Einklang zu bringen. – Die Steigerung des λεοντῶδες war dann das φοβερόν, von dem Aelian spricht,[1] das aber wohl nur in Augenblicken der Leidenschaft bei Alexander hervortrat.

Was die von Plutarch ihm zugeschriebene Haltung des Halses betrifft, so ist nicht ganz klar, ob unter der ἀνάτασις τοῦ αὐχένος εἰς εὐώνυμον ἡσυχῇ κεκλιμένου und der ἀποστροφὴ τοῦ τραχήλου zwei verschiedene Dinge verstanden sind. Schreiber[2] meint Ja: Linksneigung und Drehung, und zwar Drehung nach rechts; denn wenn der Hals nach links geneigt sei und der Kopf aufwärts blicke, so finde unwillkürlich eine Drehung nach der entgegengesetzten Seite statt. Ich weiss nicht, ob man den Worten Plutarch's damit nicht Zwang antut. In der Stelle *De fortit. seu virt.* nimmt er mit dem Ausdruck ἀποστροφὴ τοῦ τραχήλου doch offenbar das wieder auf, was er soeben durch die Worte ἡσυχῇ παρεκλίνων τὸν τράχηλον bezeichnet hatte, und das Letztere wiederum ist identisch mit der ἀνάτασις in der *vita.* Da nun beide, das eine mal die ἀνάτασις, das andere mal die ἀποστροφή zusammen mit der ὑγρότης als Hauptmerkmale des Alexandertypus genannt werden, so scheint in der Tat auch beidemal das Gleiche gemeint zu sein, weshalb ich der subtilen, gar zu sehr am Wortlaut hängenden Unterscheidung Schreiber's nicht beistimmen kann.

Die Linksrichtung des Halses wird auch von Aurelius Victor[3] bestätigt, wo er von Caracalla sagt: *Ad laevum humerum conversa cervice, quod in ore Alexandri notaverat.* Indes ist es sonderbar, dass die Büsten des Caracalla die umgekehrte Richtung zeigen, d. h. dass sie nicht den Hals, sondern den Kopf nach links wenden, und dass bei einer ganzen Anzahl von mutmasslichen Alexanderdarstellungen, wie bei den Köpfen in London, im Capitol, in Boston, mehr oder weniger auch bei dem Sieglin'schen Köpfchen, eben dieses der Fall ist. Man könnte vermuten, dass bei Plutarch eine Verwechslung stattgefunden und dass seine Angabe sich im Grunde auf die Haltung des Kopfes bezog, die ja natürlich weit mehr in die Augen fiel, dass er sie dann aber mit der Überlieferung von Alexanders schiefem Hals in Verbindung brachte, und die Richtung fälschlich auf diesen übertrug. So spricht auch Köpp geradezu von einer

[1] Ὑπαναφύεσθαι δέ τι ἐκ τοῦ εἴδους φοβερὸν τῷ Ἀλεξάνδρῳ λέγουσιν. Ael. Var. hist. XII. 14.

[2] Studien p. 14 f.

[3] A. Vict. Epit. 21.

„Neigung des Kopfes nach der linken Schulter“[1] und wiederum von der „Neigung des Gesichts auf die linke Seite“.[2] – Aber mit dieser Vermutung kommt man doch kaum aus, weil es fast ebenso viele Darstellungen giebt mit nach rechts geneigtem oder gewendetem Kopf (z. B. der in Chatsworth, der Winter'sche Alexander mit der Lanze, die Statuette von Gabii im Louvre, um von dem zweifelhaften Kopf Barracco zu schweigen). Ich glaube, dass zu unterscheiden ist zwischen der Wirklichkeit und dem Verfahren in der Kunst. In Wirklichkeit wird die Haltung des Halses, mochte sie nun auf Gewohnheit oder auf krankhafter Anlage beruhen,[3] immer nach Einer Seite, der linken, gerichtet gewesen sein. Und so auch an der oder den lysippischen Statuen, welche Plutarch im Sinne hat. Die spätere Kunst aber und teilweise wohl schon die gleichzeitige, scheint sich nicht daran gehalten, sondern sich in dieser Beziehung Freiheit vorbehalten zu haben, wie sie überhaupt von Abnormitäten wenig Notiz nahm. Wenn wir nicht die eine Hälfte aller bis jetzt auf Alexander bezogenen Bildnisse zum voraus von seiner Ikonographie ausschliessen wollen, so müssen wir von der Festhaltung einer ausschliesslichen Linksrichtung, sei's des Kopfes oder des Halses, absehen und jene Angabe als eine willkürliche Verallgemeinerung einzelner Fälle oder als eine unrichtige Übertragung von der Person auf die Statuen betrachten.

Eine letzte Eigenthümlichkeit der Alexanderphysiognomie, die erwähnt wird, und ikonographisch eine der wichtigsten, ist das zeusartig aufstrebende Stirnhaar. Direkt wird es ihm bloss von Aelian zugeschrieben (τὴν μὲν γὰρ κόμην ἀνασεσύρθαι ἀυτῷ).[4] Aber dass es keine unverbürgte Nachricht, sehen wir wiederum aus einer Stelle des Plutarch, wo er bemerkt, dass die Schmeichler des Pompejus von seinem über der Stirn aufstrebenden Haarwuchs (ἀναστολὴ τῆς κόμης ἀτρέμα)[5] Anlass genommen hätten, ihn mit Alexander zu vergleichen. Ausserdem findet es sich in deutlichster Ausprägung an der inschriftlich beglaubigten Herme in Paris.

Was es mit der von Freinsheim (im Comment. zu Qu. Curtius I. 2) gegebenen, auch im *Itinerarium Alexandri* vorkommenden Notiz

[1] Alexanderbildn. p. 6. [2] ibid. p. 9.

[3] Als körperliche Missbildung fasst sie Tzetzes Chil. XI. 100, der aber natürlich seine Weisheit nur aus Plutarch schöpft: ἦν δὲ σιμοτράχηλος καὶ παρατραχηλῶν δέ, ὥστε δοκεῖν πρὸς οὐρανὸν ἐνατενίξειν τοῦτον.

[4] Ael. Var. hist. XII. 14. [5] Plut. Pomp. 2.

von der Adlernase Alexanders für eine Bewandtnis hat, kann ich nicht sagen. Sie wird allgemein für apokryph angesehen.[1]

Also eine leichte Ausbeugung des Halses, bezw. eine Neigung des Kopfes, ein aufwärts gerichteter feuchter (schwärmerischer?) Blick und der Ausdruck männlicher Kühnheit, endlich das emporstrebende Stirnhaar, das sind die von den Schriftstellern, wesentlich von Plutarch, überlieferten Züge, die dann auch die Diadochen ihm möglichst nachzuahmen suchten.[2] – Ausserdem ist es vielleicht ikonographisch nicht unwichtig, dass Alexander nach dem Tode des Darius (330), also in seinem 26ten Jahr, mit anderen orientalischen Lebensgewohnheiten auch das Diadem angenommen haben soll.[3]

Viel lässt sich mit diesen Angaben nicht machen, weil dieselben alle entweder unklarer oder dehnbarer Natur, und weil das allein einigermassen greifbare Kennzeichen, die ἀναστολὴ τῆς κόμης, unter den verschiedensten Formen zu Tage treten konnte und manchen anderen Typen oder Personen ebenfalls eigen war. Doch wird man nicht gerade sagen dürfen, dass die Zeugnisse des Plutarch ikonographisch wertlos seien (Waldhauer p. 3). Wie weit man mit ihnen schon vor der Entdeckung der Azaraherme gelangen konnte, zeigt der Stand der Alexanderfrage zu Winckelmann's Zeit (1764). Als die vorzüglichsten Bildnisse galten damals[4] der sog. sterbende Alexander in Florenz, der sog. Helios im Capitol und ein behelmter Kopf in Madrid, dann ein ähnlicher auf einer Statue Albani, jetzt im Louvre, und der Alexander Rondanini in München, lauter Denkmäler, die auch jetzt noch, wenn gleich teilweise bestritten, bei der Untersuchung in vorderster Reihe stehen. Der herculanischen Reiterstatue in Neapel gegenüber verhielt sich Winckelmann eher ablehnend;[5] doch war sie gleich von Anfang an ebenfalls in die Debatte gezogen worden.[6]

[1] Vgl. Köpp Alexanderbildn. p. 11, der seinerseits auf Emerson und Visconti verweist; und Schreiber Stud. p. 9, Anm.

[2] Plut. Alex. 4; Pyrrh. 8.

[3] Diodor XVII. 77; Justin XII. 3. Vgl. die Legende bei Appian Syriaca. 56.

[4] Winck. W. VI. 1. p. 115ff. [5] W. W. VI. 2. p. 222.

[6] Allerdings wurde auch schon der Typus der Lysimachosmünzen ausnahmsweise einmal auf Alexander bezogen (s. die Gemme bei Canini Iconografia 1669. XV. p. 38); aber ganz unkritisch neben offenbaren Athena- und Heraklestypen. Wo er für Bildnisbestimmungen verwertet wurde, hielt man sich ausschliesslich an die Hörner.

2. Beglaubigte Monumente

Aus äusserlichen, von den Schriftzeugnissen unabhängigen Gründen können mit Sicherheit bloss die Azaraherme, eine Anzahl von Münzen und das Mosaik der Alexanderschlacht zu den ikonographischen Quellen für das Bildnis des Makedonerkönigs gerechnet werden.

Fig. 1. Azaraherme im Louvre (Vergl. Tafel I)

Die Azaraherme in Paris

1779 wurden unterhalb Tivoli in der sog. Villa der Pisonen durch den Cavaliere d'Azara eine Anzahl griechischer Inschrifthermen ausgegraben, welche sich jetzt teils im Museum von Madrid, teils in der Casa del labrador zu Aranjuez befinden.[1] Eine davon machte Azara dem Consul Bonaparte zum Geschenk, welche dann in den Louvre kam, nämlich eben die in Frage kommende Alexanders, Descr. n. 132, Cat. somm. n. 36 (abgeb. Fig. 1 und Taf. I).[2] Kopf und Herme waren von einander getrennt, die Nase und ein grosser Teil der Herme sind neu, die rechte Braue und die Unterlippe geflickt, die Epidermis stark zerfressen (von Schwefelwasser?).[3]

Es ist die Copie eines nach dem Leben gemachten Porträts

[1] S. Hübner Bildw. v. Madrid p. 19f.

[2] Zuerst bei Guattani Mon. ant. 1784. Tf. 1. Von den vielen anderen Abbildungen nennen wir bloss die in Lichtdr. bei Köpp Bild. Alex. p. 8 u. 9. u. Tf. 1; Ders. Alex. der Gr. Monogr. zur Weltg. IX. Titelblatt; Collignon Hist. de la sculpt. gr. II. 432; Arndt-Bruckm. Portr. 181, 182; Ujfalvy p. 13, 71, 75; Schreiber Stud. Taf. I. A.

[3] S. Schreiber Stud. p. 20. 9.

aus den letzten Jahren Alexanders. Etwa ein 30jähriger junger Mann mit verhältnismässig grossem Gesicht, dessen linke Hälfte etwas breiter als die rechte; von mageren Formen, mit links über der Stirn aufstrebendem und in geschlängelten Büscheln ums Gesicht herabfallendem ziemlich langem Haupthaar, mit Einkerbung an derjenigen Stelle, wo sonst das Diadem zu laufen pflegt, doch ohne Spuren einer ehmals hier sitzenden (metallenen) Binde. Bei der geringen Qualität der Arbeit hat ohnehin die Annahme von früherem Metallschmuck keinen rechten Boden. Vorn auf der Herme, auf einem früher davon getrennten Stück,[1] steht in 3 Zeilen die Aufschrift Ἀλέξανδρος Φιλίππου Μακεδ ...., von deren letztem Wort allerdings nur der obere Teil der 4 oder 5 ersten Buchstaben noch erhalten. Ihr Schriftcharakter ist der von den anderen Tivolibüsten her bekannte und weist auf das erste oder zweite Jahrhundert n. Chr.[2] Meine Zweifel in Beziehung auf die Zugehörigkeit und Echtheit der Inschrift halte ich nach den Ausführungen von Hrn. Villefosse bei Schreiber Stud. p. 28ff. nicht mehr aufrecht, obgleich die Behauptung, dass noch ein unmittelbarer Zusammenhang, Bruch auf Bruch, zwischen Kopf und Herme bestehe, wohl etwas zu positiv ausgesprochen ist. Ein blosser Berührungspunkt, wie ihn die Zeichnung bei Schreiber p. 31 angiebt, ist ein trügerischer Anschluss. Der Beweis der Zusammengehörigkeit liegt für mich wesentlich nur in der von Hrn. Villefosse verbürgten Gleichheit des Marmors. Darauf allein auch und auf die Gleichheit der Verwitterung stützt sich Petit-Radel (bei Schreiber p. 34) in seinem mit minutiöser Sorgfalt geführten Gutachten, wo er doch kaum unterlassen hätte, den anschliessenden Bruch zu erwähnen, wenn ein solcher vorhanden war. Die Ehrlichkeit Azara's brauchte durch die Zweifel nicht berührt zu werden. Denn die Ergänzung konnte falsch, und Azara doch von der Richtigkeit derselben überzeugt gewesen sein. Übrigens herrschte in seinen Kreisen, wie man aus der Hermensammlung in Aranjuez sieht, eine so naive Tauffreudigkeit, dass man sich nicht zu wundern hätte, wenn auch bei Alexander Ungehörigkeiten vorgekommen wären. Aber wie gesagt, ich halte den Beweis der Echtheit für erbracht, und gebe zu, dass die Bezeichnung auch durch typische Gründe, d. h. durch teilweise Übereinstimmung mit den Schriftzeugnissen und den Münzen bestätigt wird, durch den Wuchs

[1] S. die Abb. bei Köpp Bildn. Al. p. 9.

[2] Hülsen bei Schreiber Stud. p. 40.

und die Länge des Haares und namentlich durch die ἀναστολή des Stirnhaars, weniger durch die ὑγρότης der Augen und die Spuren eines nach links geneigten Halses. Es scheint mir keineswegs ausgemacht, dass unter der ὑγρότης eben der müde Blick verstanden, den man an der Herme wahrnimmt (Schreiber p. 18). Und was die Haltung betrifft, so sitzt der Kopf allerdings etwas mehr nach links auf der Herme und ist die linke Schulter etwas gesenkt. Aber Hals und Kopf stehen ziemlich senkrecht, letzterer nur unmerklich nach rechts gewandt, wodurch die Ungleichheit der Schultern ausgeglichen und die Mittelaxe wieder in die Nasenlinie verlegt wird. Ob ursprünglich eine Neigung stattgefunden und nach welcher Seite, lässt sich bei dem vielfach zusammengesetzten und ergänzten Zustand des Hermenstücks kaum mehr bestimmen. Jedenfalls scheinen mir Mediziner, denen bloss Gipsabgüsse zur Verfügung stehen,[1] nicht die geeigneten Leute, um in dieser Frage ein entscheidendes Urteil abzugeben. Denn es kommt doch vor Allem darauf an, das Alte und das Neue genau auseinander zu halten, was bei einem Gipsabguss gar nicht möglich ist. Auch der Copist wird nicht über aussergewöhnliche medizinische Kenntnisse verfügt haben, sondern sich im Wesentlichen von seinen Augen und seinem Gefühl haben leiten lassen. Und wenn schliesslich dem Gutachten des deutschen Arztes das eines französischen diametral gegenübersteht, so müsste erst noch an eine höhere Instanz (an welche?) appelliert werden, um endgiltig zwischen diesen beiden zu entscheiden.

Die Asymmetrie der Haaranlage über der Stirn war ohne Zweifel ein dem lebendigen Vorbild eignender Zug; die Ungleichheit der Gesichtshälften dagegen könnte leicht eine blosse „Ausweichung der modellierenden Hand" sein. Köpp (p. 10) und Schreiber (p. 216ff.) wollen sie darauf zurückführen, dass der Kopf im Original nach rechts gewendet war, und dass der Künstler der perspektivischen Wirkung zu lieb die linke Hälfte verstärkt habe, was dann von dem Copisten bei der Übertragung in Vorderansicht unverändert beibehalten worden sei. Es mag wohl richtig sein, dass die Ungleichheit am Original jener Wendung wegen weniger auffiel. Aber dass sie auf bewusster künstlerischer Absicht beruhte, scheint mir sehr fraglich. Wenigstens sehe ich nicht, inwiefern eine günstigere Wirkung auf dem besagten Wege erreicht werden konnte. Ich hätte gemeint, dass in diesem Fall, wenn überhaupt der Natur

[1] Schreiber p. 26.

nachgeholfen werden sollte, eher die rechte entferntere Gesichtshälfte zu verstärken war.

Es ist natürlich sehr verlockend, das einzige beglaubigte plastische Alexanderbildnis mit dem Lieblingskünstler des Königs in Verbindung zu bringen. Ja, es wäre der Tradition gegenüber, dass Alexander nur von ihm in Erz wollte dargestellt sein, beinahe eine Ironie des Schicksals, wenn grade dieses nicht auf ihn zurückgienge. So ist denn schon Visconti[1] und sind neuerdings wieder Köpp,[2] Helbig,[3] Winter,[4] Furtwängler,[5] Wulff,[6] Kekulé,[7] Six[8] für die Beziehung auf Lysippos eingetreten, und auch Schreiber[9] stimmt ihnen bei. Begründet wird es hauptsächlich durch die angebliche Ähnlichkeit der Formensprache mit der des Apoxyomenos, wie sie sich namentlich in der Haarbehandlung und in dem nervösen Spiel der Muskeln kund gebe. Ob man diese Nervosität an der Herme auch bemerkte und empfände, wenn das Bildnis unbekannt, weiss ich nicht. Und die Haare mögen im Allgemeinen bei beiden Denkmälern ähnlich behandelt sein; aber bei zeitgenössischen Werken ist das noch kein Beweis für Identität des Künstlers. Anderes weicht doch wieder entschieden vom Stil des Apoxyomenos ab, das fast schematisch emporgekämmte Stirnhaar, die verhältnismässig flache Bildung der Augen, die glatte, durch keine Falte geteilte Stirn.[10] Und davon abgesehen, trägt dieses Bildnis mit seinem gewöhnlichen, fast nüchternen Ausdruck[11] wirklich den Stempel desjenigen Künstlers, der wie kein anderer das Männliche und Löwenhafte in Alexanders Charakter zur Geltung zu bringen wusste? Oder liegt es nicht näher, grade eines der unlysippischen darin zu erkennen, bei denen jene Eigenschaften über dem feuchten Blick des Auges zu kurz kamen?[12]

Zwar ist es dem Scharfblick Winter's anscheinend gelungen, jenen vagen stilistischen Empfehlungsgründen noch eine

[1] Icon. gr. II. 66. Anm. 1.
[2] Alexanderbildn. p. 10.
[3] Mon. Lincei VI. p. 79.
[4] Jahrb. d. Inst. X. Anz. p. 162.
[5] Journ. of hell. stud. 1901. p. 214.
[6] Alex. mit der Lanze p. 46.
[7] Berl. Sitzungsberichte 1899. 1. p. 280 ff.
[8] Röm. M. 14. 1899. p. 86. Anm. 1.
[9] Studien p. 20.
[10] Man vergleiche die lehrreiche Nebeneinanderstellung bei Köpp Taf. I.
[11] *The insipid terminal bust from Tivoli.* Michaelis Anc. Marb. in Gr. Brit. p. 214, der übrigens trotzdem auch etwas Lysippisches in ihr erkennt (Spring.-Mich. Hdb. I.[7] p. 285).
[12] Eine Physiognomie kann sehr verschieden beurteilt werden. Aber „das Charakterbild des triumphierenden Welteroberers, der am Ziel auf eine lange Reihe von Kämpfen und Siegen zurückblickt“ (Schreiber Stud. p. 44), ist die Azaraherme sicherlich nicht.

etwas greifbarere Stütze hinzuzufügen. Er hat auf eine kleine Bronzefigur des Louvre hingewiesen (abgeb. unten Fig. 31),[1] die nach der Schlankheit ihrer Körperformen lysippisch, nach ihrem Motiv höchst wahrscheinlich eine Nachbildung des Alexander mit der Lanze sei, und deren Kopf so sehr mit der Azaraherme übereinstimme, dass beide auf das gleiche Vorbild zurückgeführt werden müssen. Die Herme wäre danach nichts Geringeres als eine in Bildnisform übersetzte Copie des Alexander mit der Lanze. Die Ähnlichkeit des Kopfes hat in der Tat etwas Bestechendes, und Schreiber, der das Original prüfen konnte, meint, die Identität des Typus stehe zweifellos fest.[2] Es ist aber zu bedenken, dass einerseits der kleine Massstab und die starke Oxydation der Bronze, andrerseits der ebenfalls nicht mehr intakte Zustand der Herme, sowie die Verschiedenheit der Kopfhaltung den Vergleich ungemein erschweren, so dass ein vollkommen sicheres Urtheil wohl nicht möglich ist. Und ferner, dass die Beziehung der Bronze auf den Alexander mit der Lanze wegen der Richtung des Kopfes (seitwärts statt aufwärts) und wegen des heftigen Ausschreitens einigen nicht unwesentlichen Bedenken unterliegt.[3] Sollte sich in Folge von weiteren Untersuchungen, namentlich durch unmittelbare Vergleichung an Ort und Stelle, die Annahme der Identität consolidieren, so wird man diesen Bedenken vielleicht kein so grosses Gewicht mehr zuschreiben dürfen. Einstweilen will es mir nicht recht in den Sinn, dass uns in dem Pariser Hermenbildnis der Kopftypus des berühmtesten Werkes des Lysippos erhalten sein soll.

Endlich noch die Frage, wie sich das Original der Azaraherme zeitlich in die Laufbahn des Lysippos einreihen würde. Die bevorzugte Stellung, die der Künstler bei Hofe einnahm, und die Angabe, dass er den König auf den verschiedensten Altersstufen dargestellt habe, lässt vermuten, dass er sich viel in dessen Umgebung aufhielt. Das hatte, so lange Alexander in Griechenland und Kleinasien weilte, also bis zum Jahr 334, dem 22ten Altersjahr des Königs, keine wesentlichen Schwierigkeiten. Möglicherweise konnte auch nach der Schlacht bei Issos, in Phönikien oder Aegypten, noch ein Zusammentreffen stattfinden. Aber von da an kaum mehr. In das Innere von Asien oder gar nach Indien hat ihn Lysippos sicher nicht begleitet. Nun fällt aber die Entstehung des Bildnisses grade in die

[1] Jahrb. d. Inst. X. Anz. p. 163, und dann bei Schreiber Stud. Tf. VI. L.
[2] Studien p. 103. [3] S. unten zu Fig. 31.

letzten Jahre Alexanders. Denn es ist nach dem Leben gemacht, kein Idealkopf unbestimmten Alters, sondern der eines ca. 30jährigen jungen Mannes, auf dessen Antlitz die Mühsale und Strapazen der Feldzüge ihre unverkennbaren Spuren hinterlassen haben, Alexander, wie er nach der Rückkehr aus Indien aussehen mochte. Ist es nicht im höchsten Grade unwahrscheinlich, dass dieses Bildnis von Lysippos herrühren soll?[1] Warum nicht von einem der vielen, die bei seinen Festen in Susa, Ecbatana und Babylon tätig waren, von denen allerdings keiner an den grossen Sikyonier hinanreichte, aber wohl mancher im Stande war, dieses Hermenbild zu schaffen?

Fig. 2. Campana'scher Kopf im Louvre

Wären noch zahlreiche Wiederholungen vorhanden, so könnte auf einstige Beliebtheit und mittelbar auf einen berühmten Urheber geschlossen werden. Aber ausser der genannten Kleinbronze des Louvre und einem halbzerstörten Campana'schen Kopf ebenda, Hemicycle des Karyatidensaals, Cat. somm. n. 334 (abgeb. Fig. 2), an dem die Locken eine ähnliche Anlage zeigen, während das ganze Gesicht neu, giebt es keine Denkmäler, die auch nur fragweise als Repliken gelten könnten. Die Berliner Gesichtsmaske n. 305 (abgeb. Arndt-Bruckm. Portr. n. 190) mit der kurzen Stirn, den fast rechtwinklig ansetzenden Brauen, den vollen Wangen, der Kopf in Blundell Hall (abgeb. Arch. Zeitg. 1874, Taf. 4) mit dem kurzen Nackenhaar, den seitwärts laufenden Stirnlocken, dem ebenfalls eckigen Brauenansatz, den auf einen ehmaligen Kranz deutenden Bohrlöchern, der Knabenkopf der

[1] Es widerstreitet jedem unbefangenen Urteil, in der Azaraherme einen zwanzigjährigen jungen Mann zu erkennen, wie Six will (Röm. Mitt. 14. 1899. p. 87), offenbar nur um sie durch eine frühere Datierung besser mit Lysipp vereinigen zu können.

Berliner Statuette n. 304 (abgeb. Schreib. Stud. p. 22) mit der Haarbinde und dem nichtssagenden Gesicht, alle diese von Schreiber[1] als nächstverwandte Nachbildungen bezeichneten Bildnisse (?) haben typisch mit der Azaraherme nichts zu tun und stehen in keinem ersichtlichen Abhängigkeitsverhältnis zu ihr.

Unter diesen Umständen glaube ich, ist es besser, die Urheberschaft der Herme noch in dubio zu belassen und nicht ohne triftigen Grund ein Praejudiz zu schaffen, das nur geeignet ist, die weiteren Untersuchungen auf falsche Wege zu leiten.

Die Münzen.

Der Verfasser der Studien lässt als unmittelbare und zuverlässige Quellen für das Alexanderbildnis ausser den Schriftzeugnissen bloss die Azaraherme gelten. Er widmet zwar den Münzen ebenfalls ein einlässliches Capitel, aber nur hinterdrein, um ihr Verhältnis zu den statuarischen Bildnissen zu erörtern, nicht um sie als Mittel zur Identification derselben zu verwenden. Die Azaraherme ist ihm der ausschliessliche bildliche Massstab, der an die Denkmäler gelegt wird. Von der wirklichen oder vermeintlichen Ähnlichkeit mit ihr hängt die Anerkennung oder Verwerfung der Deutungen ab. „Die Münzen und Gemmen fallen dabei ausser Betracht, weil sie als Werke nachahmender Kleinkunst eine scharf ausgeprägte, sich gleichbleibende Charakteristik entbehren konnten und meist auch vermissen lassen.“[2] Wir können ihm in dieser geringen Taxierung ihres Quellenwertes nicht beistimmen.

Es ist ja richtig, die Tetradrachmen des Lysimachos, auf denen ca. 20 Jahre nach Alexanders Tod zum ersten mal der Kopf des vergötterten Ammonssohnes erscheint, geben uns nicht das echte, sondern, wie die griechischen Münzen überhaupt, ein idealisiertes Bildnis, und, weil es das erste Fürstenporträt und noch dazu posthum, ein stärker idealisiertes als die seiner Nachfolger. Auch lässt sich nicht läugnen, dass fast jeder Stempel dasselbe wieder ein bischen verschieden giebt, je nach dem Geschmack und der Begabung des betreffenden Künstlers. Aber wie man schon mit Sicherheit erkannt hat, dass es sich bei diesem Münzbild um ein Porträt handelt,[3] und

[1] A. a. O. p. 19.
[2] Studien p. 163.
[3] Unverkennbare, vielleicht etwas zu alt geratene Porträtzüge zeigt namentlich das von Dressel publicierte Tetradrachmon (abgeb. Zeitschr. f. Num. 24. 1903

zwar, da bis in die römischen Zeiten damit weiter geprägt wird, nicht um das eines beliebigen Diadochen, sondern um das ihres geschichtlichen Ahnherrn Alexander, so tritt uns dasselbe bei eingehender Prüfung trotz allen Varietäten in einem den Grundzügen nach feststehenden Typus entgegen. Nur darf man bei der Reconstruction nicht planlos die ersten besten Prägungen zu Grunde legen, bei denen offenbar Willkür und Ungeschick die Hand geführt haben, sondern es gilt eine Anzahl der schöneren und sorgfältigeren auszuwählen und das Gemeinsame von ihnen zu einem einheitlichen Bilde zu gestalten. Dieses Bild dürfte dem des zuerst von Imhoof publizierten und jetzt vielfach wiederholten Tetradrachmons (bei uns Taf. VIII. n. 4) nicht allzu ferne stehen. Als charakteristische Merkmale können eine zurückgeworfene Kopfhaltung, ein in grossen Massen wallendes Haupthaar, eine unten mächtig vorgewölbte, oben zurückweichende Stirn, eine in der gleichen Flucht laufende Nase mit leicht accentuiertem Knorpel, ein voll aufgeschlagenes Auge, ein kühner, fast leidenschaftlicher Ausdruck bezeichnet werden. Von der Höhe des Scheitels zum Nacken geht ein gesäumtes Diadem, hinter welchem der Wirbel in rundem Contour sich herauswölbt, und über den Schläfen krümmt sich ein stark reliefiertes Widderhorn zum Ohr hinab. Zur Zeit der ersten Prägungen (Wende des 4. zum 3. Jahrhundert v. Chr.) war das Alexanderbildnis ohne Zweifel schon überall massenhaft verbreitet, und es ist undenkbar, dass der Münztypus ohne Rücksicht auf diese Darstellungen willkürlich und frei erfunden worden wäre. Die Schönheit desselben lässt sogar die Annahme Kekulé's, dass das unmittelbare Vorbild ein Alexanderkopf des Pyrgoteles gewesen sei,[1] sehr wahrscheinlich erscheinen.

Später kommen in Makedonien und Kleinasien noch andere Typen auf, die zum Theil stark von dem des Lysimachos abweichen: auch sie wohl keine reinen Erfindungen, sondern meist von damals am Praegeort befindlichen Statuen oder sonstigen Darstellungen influenziert; aber mit solcher Oberflächlichkeit und Sorglosigkeit ausgeführt, dass man kaum mehr in Versuchung kommt, sie ikonographisch zu verwerten. Auf makedonischen Münzen des 1. Jahrhunderts v. Chr. z. B. ein jugendlicher Kopf mit lang herabhängendem Lockengekräusel, von dem in ganz unmotivierter Weise kleinere

Taf. II. 1 und danach bei Schreiber Stud. Taf. XIII. 3a, vgl. p. 277), welches Schreiber fälschlich für ein Bild des Lysimachos selber nehmen möchte.

[1] Berl. Sitzungsberichte 1899. 1. p. 286. Anm. 1.

Löckchen rückwärts flattern (zwei Exemplare abgeb. bei Schreib. Stud. XIII. 18, 19).[1] – Dagegen lehnten sich die Stempelschneider der Kaiserzeit unter Caracalla und Alexander Severus wieder mehr an den ursprünglichen Typus an, mit Weglassung allerdings des Widderhorns und häufig mit Weiterentwicklung jener rückwärts

Fig. 3. Goldmedaillon von Tarsos

flatternden Haaranlage oder aber mit Beigabe eines Helmes, in einzelnen Fällen von so unverkennbarem Anschluss an den Lysimachostypus, dass diese späteren Münzköpfe, weil durch Umschrift oder Revers als Alexander beglaubigt, gewissermassen die Deutung jener früheren bestätigen. Dies ist namentlich der Fall bei dem einen Goldmedaillon von Tarsos in Paris (abgeb. nach einem Imhoof'schen Abdruck Fig. 3)[2] wo Profil, Kopfhaltung und Diadem deutlich auf den altüberlieferten Typus zurückgehen. Dabei ist die auch auf anderen Münzen dieser Zeit vorkommende zwiefache Horizontalfurche bemerkenswert (auf unserer Abbildung leider nicht genügend hervortretend), welche Ober- und Unterstirn trennt, und dem Kopf einen finsteren oder leidenden Ausdruck giebt: viel-

[1] Andere bei Gäbler Makedonische Münzen Taf. III. 1—5.

[2] Die photogr. Abbildungen bei Collignon, Ujfalvy, Schreiber scheinen auf keinem genauen Originalabdruck zu beruhen.

leicht, wie Einige meinen, ein Anklang an die *trux frons* des Caracalla, der sich gerne als Ebenbild des grossen Makedoners aufspielte. Am handgreiflichsten und hier auch in der Anlage der Locken und in der Beigabe des Widderhorns träte die Ähnlichkeit mit dem Lysimachostypus auf einem der neuerdings in Ägypten zum Vorschein gekommenen Goldmedaillons, die sich jetzt in Berlin befinden, zu Tage, wenn hier die Echtheit verbürgt wäre.[1]

Auf den Contorniaten endlich werden die früheren Typen noch einmal in möglichst schlechten Verwässerungen wiederholt, darunter auch der sonst seltene mit der Löwenhaut. An Einflüsse von plastischen Denkmälern ist dabei nicht mehr zu denken.[2]

Was das gegenseitige Verhältnis des lysimachischen Alexandertypus zur Azaraherme betrifft, so besteht zunächst keine in die Augen fallende Ähnlichkeit zwischen beiden. Die Idealisierung hat die Züge des Lebens verwischt und verjüngt. Aber doch kann auch nicht von einem Widerspruch oder von einem sich Ausschliessen der Bildnisse gesprochen werden. Die einzelnen Formen des Profils, soweit sie sich bei der Herme erraten lassen, und der Charakter der Haare sind sogar entschieden verwandt, und man brauchte den Marmorkopf nur in die pathetische Haltung des Münzkopfs zu versetzen, so würde diese Verwandtschaft für Jeden deutlich hervortreten. Der typische Unterschied zwischen beiden reduciert sich im Wesentlichen auf den vielfach auch sonst vorkommenden des Realismus und Idealismus, und das Münzbild dürfte in ähnlicher Weise den nach Alexanders Tod errichteten Idealstatuen entsprechen, wie die Azaraherme seiner leiblichen Erscheinung; oder mit anderen Worten jenes dürfte als ikonographische Quelle ebenso für die Idealbildnisse Alexanders massgebend sein, wie die Herme für die Bildnisse nach dem Leben. Und wenn sich nun zeigen sollte, dass ausser der

[1] Für dieselbe tritt besonders Dressel ein; auch Schreiber ist von seinen früheren Zweifeln (Stud. p. 291), wie er mir mitteilt, zurückgekommen. Skeptischer scheint man in Paris zu sein.

[2] Für alles Speziellere verweisen wir auf den Abschnitt über die Alexandermünzen bei Schreiber Stud. p. 162ff., wo das Tatsächliche für ikonographische Zwecke erschöpfend, mit Beigabe einer Münztafel und mit Verweisungen namentlich auf die umfassendere Publication von Gäbler Makedonische Münzen, zusammengestellt ist.

Azaraherme eigentlich gar keine Alexanderbildnisse nach dem Leben mehr existieren, sondern dass alle erhaltenen mehr oder weniger idealisiert sind, so würde den Münzen, wie es scheint, sogar noch eine ungleich grössere Quellenbedeutung zukommen. Dies ist nun allerdings in Wirklichkeit nicht der Fall, aus einem zwiefachen Grunde: Einmal, weil das Münzbild uns bloss das Profil giebt und insofern ein ungenügendes Kriterium ist; noch mehr aber, weil die Idealität ein ganz unbestimmter Begriff, und die Alexanderdarstellungen, zumal die späteren, in der verschiedensten Weise aufgefasst und idealisiert sein konnten. Aber hier hilft zum Glück Eines dem Anderen, indem jedes Idealbildnis, das noch den Namen eines solchen verdient, einen Kern des echten und wahren Bildnisses in sich schliesst, und bis zu einem gewissen Grad ebenfalls danach gemessen werden kann. Wo durch die Idealisierung alle Bildnisspuren verwischt sind, da versagen natürlich beide Kriterien gleichermassen. In solchen Fällen kann höchstens, wie z. B. beim Bostoner Kopf durch einen Rückschluss von einem bereits identificierten anderen (dem capitolinischen) noch ein ikonographisches Ergebnis erreicht werden.

Das pompejanische Mosaik.

Ausser der Azaraherme und den Lysimachosmünzen besitzen wir von gegenständlich beglaubigten Alexanderdarstellungen noch die bekannte Reiterfigur auf dem pompejanischen Mosaik (abgeb. Fig. 4),[1] der wir aber, da sie nicht als Bildnis behandelt ist, keinen selbstständigen Quellenwert beimessen können. Es kam dem Künstler offenbar in erster Linie darauf an, die Situation oder den Vorgang klar zu stellen, seinem Helden den Ausdruck des Kühnen und Sieghaften zu geben. Daher das übermässig gross geöffnete Auge, mit dem dann auch die anderen Formen (Stirn, Nase, Mund) ins Gleichgewicht gesetzt sind. Das Porträt war Nebensache: es genügte Erkennbarkeit. Einen mehr oder weniger typischen Zug mag man mit Köpp u. A. in dem im Wind flatternden Haar erkennen, für das freilich erst auf den Münzen der Kaiserzeit genauere Analogieen getroffen werden. Dagegen dürfen die unschönen Proportionen des Kopfes, die grosse Höhe des Gesichts im Gegensatz zu dem

[1] Das ganze Bild Overbeck-Mau Pomp. p. 612; Baumeister II. Taf. 21; Springer-Michaelis Handb. d. K. I[7]. p. 286 u. and.

Fig. 4. Ausschnitt aus dem Neapler Mosaik

verkümmerten Wirbel, die Form des vor den Ohren und längs der Kinnbacken keimenden riemenartigen Wangenbarts schwerlich als charakteristische Merkmale des echten Alexanderporträts angesehen werden, wahrscheinlich nicht einmal als Züge des dem Mosaik zu Grunde liegenden Originalgemäldes, obgleich eine freie, typisch sorglose Behandlung des Bildnisses auch diesem eigen sein konnte. Sondern es sind, wenn sie anders nicht auf ungeschickter Restauration beruhen, Abweichungen und Vergröberungen, wie sie die Mosaiktechnik häufig mit sich bringt.[1] Wenn Schreiber von voller Lebenstreue spricht[2] und grade die ungewöhnliche Bartform ausdrücklich für Alexander in Anspruch nimmt,[3] so müsste dies doch wenigstens durch die Übereinstimmung mit der ebenfalls lebenstreuen Azaraherme können begründet werden. Aber hier fehlt der Bart gänzlich und das Profil hatte niemals den gesteigerten Formencharakter wie auf dem Gemälde.

[1] Wulff p. 61. [2] Stud. p. 224. [3] ibid. p. 133.

So bleiben also neben den Schriftzeugnissen nur Herme und Münzen, aber immerhin diese beiden, als Prüfsteine, an denen die noch vorhandenen Alexanderbildnisse zu messen und zu erkennen sind. Natürlich wird die Untersuchung auf dieser doppelten Grundlage zu etwas anderen Resultaten gelangen, als wenn ausschliesslich die Verwandtschaft mit der Herme zur Richtschnur genommen wird. Aber in Wahrheit hängt die Verschiedenheit der Resultate nur zum kleineren Teil von diesem Umstand ab; zu einem weit grösseren Teil beruht sie, wie schon in den Einleitungsworten angedeutet wurde, auf der Art, wie die Quellen benutzt werden und wie mit den Begriffen von Ähnlichkeit und Verwandtschaft und Wiederholung hantiert wird. Auch der Verfasser der Studien scheint mir diese Begriffe in vielen Fällen nicht streng auseinandergehalten und aus der Ähnlichkeit Schlüsse gezogen zu haben, zu denen nur die Wiederholung, d. h. die deutliche künstlerische Abhängigkeit vom gleichen Original, berechtigt hätte. Es gilt daher ebensowohl die falschen Schritte zurückzutun, als auf dem sicheren Boden weiter zu schreiten. Und selbst wenn der Rückschritt, d. h. die Verminderung des sicheren Alexandermaterials, grösser wäre als der Fortschritt, so wäre es immer noch ein Gewinn, weil in der Wissenschaft die Erkenntnis des nicht Wissens besser als der falsche Glaube.

Die erhaltenen Darstellungen

Fig. 5. Köpfchen in Alexandria

1. Der Kopftypus

Wir betrachten, den Quellen entsprechend, zunächst die blossen Köpfe, was bis zu einem gewissen Grad so viel sagen will als die Marmorwerke, weil mit geringen Ausnahmen bei diesen allein das Typische genügend zur Geltung kommt. Von Bronzen sind nur kleinere Bildwerke erhalten, aber dafür hier fast immer die ganze Figur, so dass diese Denkmälergattung ebenso für die Betrachtung des Körpermotivs massgebend ist, wie die Marmorwerke für die der Köpfe. Doch empfiehlt es sich in den Fällen, wo bei den Marmorwerken die ganze Statue erhalten ist, wie namentlich beim Alexander Rondanini, allerdings auch das Motiv schon in Betracht zu ziehen.

Der Übersichtlichkeit wegen scheiden wir die Köpfe in zwei grössere Gruppen, die wir als ethische und pathetische Bildnisse bezeichnen, d. h. als solche, wo einfach die Porträt- oder Charakterdarstellung beabsichtigt war, und solche, die seelisch erregt oder bewegt aufgefasst sind. Für die Reihenfolge innerhalb dieser Gruppen lässt sich kein consequent durchzuführendes Prinzip aufstellen. Doch ergiebt sich auf Grund der genannten Einteilung fast von selbst, dass wir mit den dem Alter nach jüngsten beginnen, weil diese noch am ehesten des Pathos entbehren.

a. Erste Gruppe: Ethische Bildnisse.

Ziemlich am jüngsten wäre Alexander dargestellt in dem kleinen Köpfchen von Alexandria (Fig. 5 u. 6),[1] das von Schreiber als „eine von Lysipp vorgenommene Umbildung der Azaraherme ins Jugendliche“[2] erklärt wird. Ein Knabe oder Jüngling mit reichem, lockigem, von einer diademartigen Binde umgebenem Haar, welch letzteres rechts über der Stirnmitte in zwei Büscheln auseinander geht; ohne das moderne Bruststück 10 Cent. hoch. Ich kann aber nicht umhin, wie schon anderen Orts von Gräf und Köpp geschehen, gleich dieser ersten Schreiber'schen Aufstellung — denn auch er stellt sie an den Anfang seiner Untersuchung — starke Bedenken entgegen zu bringen und zwar Bedenken sowohl gegen die Deutung an sich, als gegen die spezielle Entstehungsweise des Bildnisses, wie er sie sich denkt. Auf die Ähnlichkeit mit der

Fig. 6. Profil des vorigen

[1] Nach der Abbildung bei Schreiber Stud. Taf. I. B, wo ausserdem p. 220 eine Ansicht in Dreiviertelsprofil. Ungenügend die Abb. in den Strena Helbigiana p. 277.
[2] Stud. p. 107.

Azaraherme allein lässt sich der Beweis der Alexanderbedeutung ganz unmöglich basieren. Ich wüsste nicht einen einzigen Zug namhaft zu machen, der direkt auf sie hinwiese. Die ungefähr gleiche Länge des Haares kann doch nicht als ein solcher angesehen werden, denn die Anlage desselben ist ganz verschieden; vollends sind es die Grössenverhältnisse des Gesichts zum Schädel, die Gestalt des letzteren selber, der Charakter des Stirnhaars. Ich muss beinahe vermuten, dass in erster Linie nicht diese unerkennbare Ähnlichkeit, sondern der Fundort und das Diadem an Alexander haben denken lassen. Aber ob die schleifenlose Binde wirklich ein Diadem ist und ob dieses schon dem Knaben oder Epheben Alexander gegeben wurde, ist sehr die Frage. Nur der Fundort und die über der Stirn auseinandergehenden Locken, welche an dem gleich zu besprechenden Sieglin'schen Köpfchen wiederkehren, geben der Deutung noch einen gewissen Halt.

Und nun die Urheberschaft des Lysipp. Es muss Einem seltsam vorkommen, dass der Künstler, der den Alexander vorzugsweise jugendlich dargestellt hatte – denn Lysipp konnte ja voraussetzlich nur bis zum Perserzug, dem 22ten Lebensjahre des Königs, persönlich mit ihm verkehren –, nach dessen Tode Anlass genommen haben soll, ein Bildnis des Mannesalters (die Azaraherme) wieder in das eines Jünglings umzugestalten. Es lag doch gewiss näher, sich dabei einfach an die früheren Jugendbilder, event. sogar an die von anderen Künstlern zu halten. Und worin soll sich der lysippische Stil dokumentieren? Hauptsächlich in der charakteristischen Querteilung der Stirn, welche das Köpfchen mit dem Apoxyomenos gemein hat. Aber an der Azaraherme, die auch lysippisch sein soll, fehlt sie oder ist sie kaum für das Auge vorhanden, ohne dass Schreiber daran Anstoss nimmt, während sie doch hier, an dem älteren Kopf, viel besser und natürlicher am Platze gewesen wäre, als an dem Jünglingskopf.[1] Auf so prekäre Merkmale hin, noch dazu bei einer verkleinerten, flüchtig gearbeiteten und vielfach verstossenen Copie ist es m. E. gar nicht möglich, die Schule und den Meister zu bestimmen.[2]

[1] Darauf macht, wie ich sehe, auch Köpp in seiner Anzeige des Schreiber'schen Buches, in den Neuen Jahrbb. für das klassische Altertum 1904. p. 166 aufmerksam.

[2] An anderem Orte (Stud. p. 215) gesteht Schreiber selber zu, dass diese kleinen Marmorrepliken stilistisch wertlose Nachbildungen sind.

Dem angeblich lysippischen Jugendbildnis stellt der Verfasser der Studien ein anderes alexandrinisches Köpfchen gegenüber, jetzt in der Sammlung Sieglin in Stuttgart (abgeb. Fig. 7 u. 8), das er einem attischen Künstler zuschreibt. Dasselbe ist von ähnlich kleinem Massstab, aber besser, ja vollkommen erhalten und wenigstens im Gesicht mit grosser Sorgfalt und Empfindung ausgeführt. Der Hinterkopf ist senkrecht abgeschnitten, d. h. er war von Anfang an gar nicht vorhanden. Dieses Köpfchen zeigt auffallend ideale Formen, wie sie im Durchschnitt selbst den vergötterten Fürsten nicht mehr gegeben wurden. Schreiber begründet seine Deutung auf die Übereinstimmung mit der Azaraherme in der Stirnbildung, in dem hochsitzenden Auge und namentlich in der Haaranordnung über der Stirn. Ich kann zwar in all diesen Punkten und zumal in der Anordnung der Stirnlocken nur wieder Verschiedenheiten sehen, und in dem kleinen Köpfchen nur wieder ein ebenso abweichendes und schwer zu vereinigendes Bildnis wie beim vorigen. Indes auch ich glaube, dass bei ihm an Alexander gedacht werden kann; nur nicht wegen seiner Ähnlichkeit mit der realistischen Azaraherme, sondern weil das Profil und der schwärmerisch aufwärts gerichtete Blick stark an den Typus der Lysimachosmünzen erinnern, welche hier der gegebene Massstab sind. Und dann ist es vielleicht von einiger Bedeutung, dass ein ebenfalls aus Aegypten stammendes zweites Sieglin'sches Köpfchen (abgeb. Schreiber Stud. p. 54), das die gleiche Person wie jenes darzustellen scheint, wirklich das für Alexander bezeichnende normale Aufstreben der Stirnhaare zeigt. Der Kopf der Lysimachosmünzen mag in den besseren Exemplaren bedeutender erscheinen und etwas Männlicheres haben; bei einem kleinen idealisierten Marmorköpfchen konnte dieser Charakter leicht etwas zu kurz kommen. — In der Zuteilung zur attischen Schule, d. h. in der Annahme, dass es das Werk eines nach Alexandria verschlagenen attischen Künstlers, hat Schreiber wohl Recht. Eine so zarte Behandlung der Gesichtsformen geht eben doch über das *sfumato* der Alexandriner hinaus und erklärt sich am leichtesten als praxitelische Tradition.[1]

Wenn das Sieglin'sche Köpfchen Alexander darstellt, was nicht positiv entschieden werden kann, so wäre man veranlasst, das Motiv der über der Stirnmitte auseinandergehenden Locken, obgleich es an sich sehr verschieden von dem stramm aufsteigenden linksseitigen

[1] Vgl. Amelung Dell' arte alessandr. im Bull. comun. 1897. p. 138.

Fig. 7
Köpfchen in der Sammlung Sieglin in Stuttgart

Stirnhaar der Azaraherme, als eine Idealisierung der ἀναστολή τῆς κόμης zu fassen, und es würde sich fragen, ob dies am Ende nicht rückwirkend sei auf die Deutung des vorigen Köpfchens (Fig. 5, 6), wo wir eine verwandte Haarteilung getroffen haben. Nun ist aber schon zwischen dem Motiv der Azaraherme und dem Sieglin'schen eine so grosse Differenz, dass eigentlich nur aus äusseren Gründen, d. h. wegen der möglichen Identität der Person, beidemal die gleiche Eigentümlichkeit darunter verstanden werden kann. Zwischen dem Sieglin'schen und dem angeblich lysippischen ist wieder eine ähnliche Kluft und hier fehlen dann die äusseren Gründe. Wenn man so von einer Ähnlichkeit zur andern auf Gleichheit der Bedeutung schliessen will, so könnte man zuletzt wie S. Reinach auch den sog. Eubuleus in Athen oder wie Emerson den sog. Arminius im Capitol, Filos. 59, für Alexander erklären; kommt das Motiv doch selbst bei Sarapis vor (s. das aegyptische Köpfchen in der Samml. Prinz Ruprecht in München, abgeb. Arndt-Amelung Einzelv. 905), wo es sicher nicht mehr als ein Aufstreben gefasst werden kann. — Und was hätte diese zwiefache alexandrinische Typenbildung für einen kunsthistorischen Halt? Ist es denkbar, dass an einem und demselben Ort und kurz hinter einander — denn von praxitelischer Nachwirkung kann doch nur bis ans Ende des 4. Jahrhunderts gesprochen werden — zwei so ganz verschiedene Jugendbildnisse Alexanders geschaffen wurden, die nichts mehr mit einander gemein haben, als das Auseinandergehen der Stirnhaare? Und ist es denkbar, dass der berühmteste Künstler seiner

Zeit in diesem Wettstreit so sehr hinter seinem uns unbekannten attischen Rivalen zurückblieb? In der Unwahrscheinlichkeit eines solchen Sachverhalts liegt für mich ein weiterer und entscheidender Grund, das angeblich lysippische Jugendbildnis zu verwerfen und bloss das Sieglin'sche Köpfchen, das denn doch etwas besser begründet scheint, als solches anzuerkennen.

Fig. 8
Profil des vorigen

Wir kommen nun auf ein paar typisch bedeutsamere, weil in Lebensgrösse ausgeführte Jugendbildnisse zu sprechen, die umgekehrt bisher im Allgemeinen für Alexander gegolten haben, die aber Schreiber glaubt ausschalten zu müssen, wie sie sich denn in der Tat schlecht mit seinen Köpfchen vertragen; ich meine den Erbacher Typus und die Statue Rondanini, denen noch ein Dressel'scher Kopf, jetzt in Dresden, beigefügt werden mag.

Zwölf Jahre nach der Entdeckung der Azaraherme wurde ebenfalls in der Nähe von Tivoli, im Bereich der Villa des Hadrian, ein Ephebenkopf gefunden, der von dem damals in Rom anwesenden Grafen von Erbach erworben und seiner Sammlung einverleibt wurde und von dem seither noch zwei Wiederholungen in Athen und in Madytos (diese jetzt in Berlin) zum Vorschein gekommen sind: Ein anmuthiger Jüngling von 15—18 Jahren mit lockigem, rechts über der Stirn etwas gesträubtem, die Ohren bedeckendem Haar, letzteres ohne Bindenschmuck, nur leicht über dem Nacken eingekerbt. Das Erbacher Exemplar (abgeb. Taf. II.)[1] hat beim

[1] Stark Zwei Alexanderbildnisse Taf. I. 2; Arndt-Bruckmann Portr. 473, 474.

Aufsetzen auf das moderne Bruststück fälschlich eine Neigung nach vorn erhalten, welche ihm einen träumerischen Ausdruck giebt. Es zeigt aber auch in der Formenbehandlung starke Abweichungen von den beiden andern, eine im Geschmack des 5. Jahrhunderts gehaltene Idealisierung[1], die den Porträtcharakter fast gänzlich verwischt hat, wie denn Michaelis, Köpp, Amelung, die bei ihrer Beurteilung nur dieses kannten, einen entschiedenen Idealtypus darin sehen wollten. Allein bei dem athenischen Kopf, der 1889 auf der Akropolis gefunden wurde, Cat. offic. n. 1351 (abgeb. Taf. III),[2] und der eine ganz sichere Replik, indem fast Locke um Locke dem Erbacher entspricht, lässt sich, wie schon Arndt bemerkt, an der Porträthaftigkeit kaum mehr zweifeln. Das individuelle Muskelspiel der Stirn, die eigentümliche Bettung der Augen, der verhältnismässig grosse Mund, deuten unverkennbar auf eine Person des realen Lebens; eine gewisse Stilisierung zeigt sich mehr nur in den Haaren. Das Exemplar von Madytos in Berlin n. 329 (abgeb. Fig. 9)[3] hat vollere Gesichtsformen als die beiden andern und giebt sich nicht sofort als Replik zu erkennen, ja das gerundete Untergesicht und der schmale geöffnete Mund stehen beinahe in einem Gegensatz zu dem zugespitzten Kinn und dem in beschattete Winkel ausgehenden Mund derselben. Indes eine genauere Vergleichung der Haaranlage beweist auch hier das Zurückgehen auf das gleiche Original. Die Augenränder sind von weichem Contour wie beim athenischen.

Alle drei Köpfe sind gleich bei ihrem Bekanntwerden als Alexander bezeichnet worden, die beiden griechischen noch bevor sie mit dem Erbacher identificiert waren, ein Beweis, dass es sich dabei nicht um subjektive Einfälle handelt, sondern um ein wirkliches Verwandtschaftsverhältnis, und zwar ohne Zweifel um ein solches mit der Azaraherme, an welche namentlich die Vorderansicht mit dem aufstrebenden Stirnhaar erinnert. Allerdings ist der Sitz der aufstrebenden Locken hier auf die andere Seite der Stirnmitte verlegt, was natürlich nicht durch die Verschiedenheit des Lebensalters erklärt werden kann. Und Schreiber meint, diese „Haartour" mache die Beziehung auf Alexander unmöglich. Dann hätte er aber auch das alexandrinische Köpfchen, wo die Schei-

[1] Vgl. Bulle zu Arndt-Amelung Einzelaufnahmen No. 1448. Anm.
[2] Arndt-Bruckmann 475, 476; W. Klein Ephem. arch. 1900. Tf. 1. p. 1—6.
[3] W. Klein Praxitel. Studien Fig. 14.

Fig. 9. Kopf von Madytos in Berlin

telung ebenfalls rechts, nicht für Alexander nehmen dürfen. Eher als an diesem Umstand, über den man sich wohl oder übel hinwegsetzen muss, wenn man das Alexandermaterial nicht auf ein Minimum reducieren will, könnte man an den Schneckenlocken im Nacken und auf dem Wirbel Anstoss nehmen, die ja sonst nicht bei Alexander nachzuweisen sind. Doch wird man auch darauf nicht gar zu viel Gewicht legen dürfen, da wir es offenbar mit Übertragungen aus der Bronze in den Marmor zu thun haben, wobei der ursprüngliche Stilcharakter mehr oder weniger gelitten haben kann. Immerhin gestehe ich, dass diese eigentümliche Haarbehandlung wirklich ein Moment ist, das mich hindert, mit voller Überzeugung der Deutung auf Alexander beizutreten.

Für die Bestimmung der Schule wird man sich an eines der griechischen Exemplare halten müssen, hauptsächlich an das besser erhaltene in Athen, welches durch den Fundort (Akropolis), obgleich es kein Original, einigermassen als attisch praejudiciert ist. Speziell auf Leochares meinte Klein[1] aus Stilgründen schliessen zu dürfen; wie Stark schon vor 25 Jahren auch den Erbacher Kopf dem Leochares zuschrieb. Allein Stark scheint bei seiner Beurteilung noch von Nebenrücksichten geleitet worden zu sein, von dem Gedanken nämlich, es könne eine Nachbildung des jugendlichen Alexander aus der Philippeiongruppe vorliegen, was sicher nicht der Fall. Ausserdem waren die Vorstellungen von der besonderen

[1] Ephem. arch. a. a. O.; Praxitel. Studien p. 50ff.

Kunstweise des Leochares damals noch völlig unabgeklärt. Wulff[1] möchte mit ganz ungenügenden Gründen den Lysippos, Waldhauer neuerdings[2] mit einem grossen Aufwand von Vergleichen und vermeintlichen Analogieen den Euphranor zum Urheber machen. An letzteren hatte schon Furtwängler gedacht,[3] ohne es näher zu begründen. Benndorf[4] und Schreiber[5] fassen den Typus als attisch, was auch mir das Wahrscheinlichste scheint. Aber bei dem Zwiespalt, der zwischen der individuellen Formenbehandlung des Gesichts und der leisen Stilisierung der Haare besteht, muss auch diese Frage, wie die der Deutung, offen gelassen werden.

Als weitere etwas freiere Kopie betrachtet Schreiber (p. 89) den Kopf in Blenheim Palace (abgeb. Köpp Alexanderbildn. p. 27 und Taf. III), wozu absolut kein Grund vorhanden. Die breiten Proportionen, der ausladende Lockenkranz, die Kopfbinde, das dahinter glatt gekämmte Haar begründen einen ganz verschiedenen Typus. — Auch die von Benndorf[6] betonte Verwandtschaft des athenischen Exemplars mit dem von einem Löwenhelm bedeckten Kopf in Kopenhagen (abgeb. Arndt-Bruckm. Portr. 485, 486) scheint mir nicht erheblich genug, um Folgerungen für die Bedeutung daraus abzuleiten.[7]

Ein zweiter hier zu besprechender jugendlicher Kopf ist der 1886 aus der Dressel'schen Sammlung für Dresden erworbene, der gewöhnlich für ein Diadochenporträt gilt (abgeb. Taf. IV).[8] Es ist ein Bildnis, das in der Vorderansicht ausserordentlich der Azaraherme gleicht und das man wohl für dieselbe Person in jüngerem Alter nehmen könnte. Namentlich hat es den gleichen gebüschelten Charakter des Haares bei allerdings nach rechts gerückter ἀναστολή, und denselben Lauf der Brauen. In den leicht vorstehenden Backenknochen ist trotz dem frischen Aussehen wie dort eine gewisse Magerkeit angedeutet. Viel weniger stimmt die Profilansicht, weil

[1] Alexander mit der Lanze p. 47ff.
[2] Über einige Portr. Alexanders p. 46ff.
[3] Journ. of hell. stud. 21. 1901. p. 214.
[4] Benndorf Wiener Jahreshefte III. p. 219.
[5] Stud. p. 90.
[6] A. a. O. p. 220.
[7] Über beide Köpfe – Blenheim und Kopenhagen – vgl. unten: Auszuscheidende Bildnisse.
[8] Skizze im Jahrb. d. Inst. 1889. Anz. p. 98; erwähnt bei Schreiber Stud. p. 89. Anm. 27.

das Haar im Nacken kürzer und am ganzen Hinterkopf anders angelegt ist. Nun ist zwar die Haaranlage bei Bildnissen, die zu verschiedenen Zeiten und in verschiedenem Lebensalter aufgenommen sind, der Natur der Sache nach immer verschieden. Indes auch die Gesichtsformen zeigen von der Seite gesehen nicht die gleiche Übereinstimmung wie von vorn. Die Unterstirn ist kräftiger vorgewölbt, das Kinn ist spitzer, die Nasenlöcher sind gleichsam etwas gebläht, was bei der Azaraherme schwerlich der Fall war. So wird der Eindruck der Vorderansicht durch das Profil wieder mehr oder weniger paralisiert, und die Alexanderbedeutung wie beim Erbacher Typus auf das Niveau der blossen Möglichkeit herabgesetzt.[1] Es wäre event. ein Bildnis aus der Zeit um die Schlacht bei Chaeronea herum, anscheinend wie die Azaraherme nach dem Leben aufgenommen. Aus den eingravierten Lippenrändern schliesst man auf ein Bronzeoriginal, dessen Spuren aber im Übrigen verwischt sind.[2]

Bei der Unsicherheit der Deutung sowohl dieses als des vorigen (Athen-Erbach'schen) Typus scheint es fast überflüssig, die Frage aufzuwerfen, wie sich dieselben, wenn Alexander, zu dem Sieglin'schen Köpfchen verhalten würden. Indes könnte ja gerade in der Unvereinbarkeit mit diesem ein letzter Grund dafür liegen, ihre Deutung abzuweisen.

Es ist nicht zu läugnen, dass zwischen allen dreien, besonders aber zwischen dem Sieglin'schen Köpfchen und dem Dresdner Kopf in typischer Beziehung eine fast unüberbrückbare Kluft besteht. Bei jeder anderen Persönlichkeit müsste eine so weitgehende

[1] Durch gütige Mitteilung Treu's erfahre ich, dass Sieveking in der Beschreibung des k. Museums der Gipsabgüsse in München, 1902. p. 18 den Kopf vermutungsweise auf den jugendlichen Pompejus deutet, mit Bezug auf die bekannte Stelle Plutarchs (Pompejus 2), wonach derselbe im Wuchs des Stirnhaars und in der Augenbildung oder im Blick dem Alexander geglichen habe. Die Notiz kommt mir leider im letzten Augenblick und an einem Orte zu, wo mir keine Gelegenheit zum Vergleich mit dem Pariser Pompejuskopf geboten ist. Indes aus der Erinnerung zu urteilen, muss ich annehmen, dass das aufstrebende Stirnhaar ziemlich das Einzige ist, was die beiden mit einander gemein haben, und dass der freie Blick und das magere Kinn des Dresdner Kopfs denn doch in einem gar zu grellen Widerspruch mit der, wenn ich nicht irre, aufgedunsenen Physiognomie des Pompejus stehen. Ausserdem sehe ich den Typus und die Arbeit des Kopfes für hellenistisch an und glaube seine Entstehungszeit früher als Pompejus setzen zu müssen.

[2] Verwandt, aber von verschiedenem Ausdruck, fast satyresk und sicherlich nicht Alexander, ein Kopf beim Kunsthändler Jandolo in Rom (abgeb. Arndt-Amelung Einzelaufn. 814, 815), der Amelung stark an die Azaraherme erinnerte.

Divergenz die ernstesten Zweifel und Bedenken erwecken. Bei Alexander, wo schon die ikonographischen Kriterien so verschieden sind, wird man nicht mit der gleichen Strenge urteilen dürfen. Es ist doch leicht möglich und sogar wahrscheinlich, dass der Abstand zwischen den porträthaften Auffassungen und den Idealbildern, wie er uns in der Azaraherme und den Münzen entgegentritt, sich in einzelnen plastischen Darstellungen noch schärfer dokumentierte, so dass nur noch die Zugehörigkeit zu der einen oder der anderen Gruppe, die Gleichheit der Person aber kaum mehr erkennbar war. Ich glaube, sobald die Verwandtschaft des athenischen und des Dresdner Kopfs mit der Azaraherme, und des Sieglin'schen Köpfchens mit den Münzen für hinreichend erachtet wird, sie für Alexander zu nehmen, so kann die scheinbare Unvereinbarkeit der beiden das Resultat nicht weiter gefährden. Und jedenfalls müsste dann erst noch untersucht werden, ob der Fehler bei der Deutung des athenischen und des Dresdner Kopfs oder bei der des Sieglin'schen Köpfchens liege.

Ungefähr dieselbe Altersstufe wie der Dressel'sche Kopf repraesentiert die rondaninische Statue in München, Furtw. Glypt. 298 (abgeb. Fig. 10, der Kopf Taf. V)[1]: Ein Jüngling in heroischer Nacktheit mit hoch aufgestelltem rechten Bein, im Begriff sich dasselbe einzuölen. Der Kopf war nie vom Rumpfe getrennt und ist wohlerhalten. Dagegen sind das aufgestellte Bein und beide Arme bis über den Ellenbogen hinauf neu. Als Stütze dient ein Panzer mit drüber geworfenem Gewand, welche beide antik, wie auch der auf der Plinthe liegende Schild.

Die Deutung auf Alexander beruht hier nicht auf der Ähnlichkeit mit der Azaraherme: denn sie war der Statue schon gegeben, als sie noch im Pal. Rondanini stand und jene Herme noch nicht aufgefunden war.[2] Sondern es war lediglich die ἀναστολή des Stirnhaars und das von den Münzen her bekannte Lockenhaar, combiniert mit der Jugendlichkeit des Porträts, was auf sie hinführte. Durch die Entdeckung der Azaraherme wurde die Sache nicht wesentlich geändert, da Ähnliches und Unähnliches sich ungefähr das Gleichgewicht halten. Ähnlich ist die Länge und allgemeine

[1] Brunn-Bruckmann Denkm. Taf. 105; Arndt-Bruckmann Portr. 183—185. Vgl. Schreiber Stud. p. 82f. u. 272ff.

[2] Winckelmann W. VI. p. 117.

Fig. 10. Die Statue Rondanini in München

Anlage des Haares, das Aufstreben desselben über der Stirn, die Anschwellung der Unterstirn,[1] die Wölbung der Brauen; verschieden dagegen die niedrigere Stirn, die völligere Wölbung des Schädels, dann der spezielle Charakter des Haares, das hier entschieden gelockt, dort nur in Büschel gegliedert und geschlängelt erscheint, der der Augen, die hier gross und beschattet, dort eher klein und flach, des Kinns, das hier schön gerundet, dort eckig. Visconti hat die Statue denn auch stillschweigend in seiner Ikonographie übergangen und damit ausgesprochen, dass es seiner Meinung nach kein Bildnis Alexanders sei. Wenn man indes den Unterschied des Alters und der Behandlungsweise berücksichtigt, so dürften die Identitätsgründe doch überwiegen. Wir haben es offenbar mit einem Idealporträt zu tun, und die Abweichungen sind lauter solche, die sich durch die Idealisierung erklären lassen, und die grade so auch auf den Lysimachosmünzen wiederkehren. Was die Ähnlichkeit mit dem realistischen Bildnis zu wünschen übrig lässt, wird hier durch die mit den Münzen gleichsam ergänzt und ersetzt. Und wir dürfen ihr um so eher einiges Gewicht beilegen, als noch andere Erwägungen auf den Makedonerkönig führen, und gleich von Anfang an ihn haben denken lassen.

Die Porträthaftigkeit, die sich trotz der Idealisierung des Kopfes sowohl in den Gesichtszügen (besonders in der hier unversehrt erhaltenen Nase und im Mund) als in den fleischigen, zum Teil fast unschönen Körperformen kund giebt, weist die Gestalt dem realen Leben oder der Geschichte zu, die damit verbundene Nacktheit dem Kreis der heroisierten oder vergötterten Fürsten. Die Nacktheit aus der Athletik zu erklären, wie der Urheber der jetzigen Restauration (Thorwaldsen) getan hat, der der Figur ein Salbgefäss in die linke Hand gegeben,[2] geht deswegen nicht an, weil der Kopftypus nicht der eines Athleten und weil Schild und Panzer vielmehr auf einen Krieger oder Feldherrn deuten. Denn wenn auch ein Bronzeoriginal zu Grunde liegt und der Panzer erst vom copierenden Marmorarbeiter hinzugefügt worden ist, so geschah dies doch höchst wahrscheinlich mit Bezug auf den ursprünglichen Charakter der Figur, und Deutung sowohl wie Restauration werden darauf Rücksicht nehmen müssen. Was hätte auch der Copist für einen Grund gehabt, dem scheinbar unkriegerischen Jüngling einen Panzer als

[1] Welche von Schreiber p. 83. 10 mit Unrecht in Frage gestellt wird.

[2] Was noch Emerson billigt Americ. Journ. III. p. 250.

Stütze zu geben, wenn er nicht durch die gegenständliche Bedeutung dazu veranlasst worden wäre? – Für eine nackte Porträtstatue nun ist die Annahme eines Königs oder Königssohnes die nächstliegende, wenn nicht die einzige plausible Erklärung, und unter den Fürsten drängt sich der Jugendlichkeit und der aufstrebenden Stirnlocken wegen Alexander in erster Linie auf. Der Mangel eines Diadems, an dem man bei einem Diadochen Anstoss nehmen könnte, ist bei dem 18—20jährigen Alexander, der noch nicht den Thron bestiegen, im Gegentheil eine selbstverständliche Sache. Schreiber vermisst die ἀναστολή τῆς κόμης und die ὑγρότης der Augen, weil er für Beides den speziellen Massstab der Azaraherme anlegt. Aber eine ἀναστολή ist auch hier ganz deutlich vorhanden, nur nicht die schlicht reale wie dort, sondern eine dem Idealporträt angepasste; und die ὑγρότης, zumal in der zweifelhaften Fassung als halbgeöffnetes Auge, wird nicht als notwendiges Merkmal verlangt werden dürfen, da ja auch von den alten Künstlern nur Lysippos diesen Zug richtig darzustellen oder mit dem der Männlichkeit zu vereinigen wusste. Hält man sich an die Lysimachosmünzen, die hier das adaequatere Vorbild sind, so ist das lockig aufstrebende Stirnhaar und das gross aufgeschlagene Auge in bester Übereinstimmung. — Schreiber glaubt, in der Statue eine viel grössere Verwandtschaft mit dem Münzbild des Antiochos VIII. Grypos von Syrien zu erkennen.[1] Es ist unnütz, über das mehr oder weniger der Ähnlichkeit zu streiten. Aber ich meine, die an sich so unwahrscheinliche Annahme, dass von diesem für die Nachwelt bedeutungslosen Fürsten aus seiner Prinzenzeit – denn er trägt ja kein Diadem – nicht etwa ein Hermenbildnis, sondern eine eigentümlich motivierte Statue auf uns soll gekommen sein, müsste durch bessere Argumente gestützt werden als durch die Berufung auf ein unzuverlässiges und keineswegs in Allem zutreffendes Münzbildnis.[2]

Andererseits wollen wir nicht behaupten, dass die Deutung der

[1] S. den 2ten Excurs zu den Studien p. 275ff.

[2] Auf denselben Antiochos hatte Fr. Hauser (Berl. philol. Wochenschr. 1903. 157f.) eine neuerdings gefundene pompejanische Bronzestatuette, jetzt in Neapel (abgeb. Notizie degli scavi 1901. p. 299; besser Schreiber Stud. p. 273), bezogen, mit ältlichen Porträtzügen und kurz geschnittenem Haar, um das, weit zurückgeschoben, eine Binde liegt (ein Diadem?), an den Füssen die Flügelschuhe der Hermes. Die Deutung ist so unwahrscheinlich als möglich, zeigt aber, was Alles mit diesen Münzen in der Ikonographie gemacht werden kann. Schreiber erkennt in derselben Bronze den Antiochos II Theos.

rondaninischen Statue auf Alexander ein vollkommen sicheres Ergebnis sei. Die anscheinende Ähnlichkeit kann auch hier zufällig sein, das aufstrebende Stirnhaar konnte auch einem jugendlichen Genossen Alexanders oder einem durch Statuen geehrten Fürstensohne zukommen. Oder man könnte gar die Porträthaftigkeit in Zweifel ziehen und statt dessen an irgend einen Heroen, Achill oder Theseus oder Paris (als Urteilsprecher) denken. Aber all' diesen Möglichkeiten gegenüber dürfte Alexander die grössere Wahrscheinlichkeit für sich haben.[1]

Und wie steht es nun mit den Ergänzungen der Statue und mit dem davon abhängigen Motiv? Während Kopf und Rumpf ungebrochen und merkwürdig gut erhalten sind, ist der grösste Teil beider Arme und fast das ganze rechte Bein neu. Zwar ist von den betreffenden Gliedern überall noch so viel erhalten, dass über ihre Richtung kein Zweifel sein kann: Das rechte Bein war mit dem Oberschenkel vorgebogen, und also vermuthlich auf eine Erhöhung gesetzt, die Arme giengen in ziemlich paralleler, nur leicht sich nähernder Richtung abwärts, um sich, wie es scheint, in der Gegend des rechten Knies in einer gemeinsamen Handlung oder in einem Motiv der Ruhe zu begegnen. Aber über dieses Motiv selber oder über die Tätigkeit der Hände giebt das Erhaltene keinen Aufschluss. Und es muss sogar gesagt werden, dass man viel leichter eine zufriedenstellende Ergänzung fände, wenn man nicht an die Ansätze, resp. die Richtungen der Arme und des Beines gebunden wäre.

Als die Statue noch im Palazzo Rondanini stand, hielt der Jüngling statt des Salbgefässes einen kurzen Stab oder eine Rolle in der Linken, während der rechte Arm vom Ellenbogen an zu einem rednerischen Gestus aufgebogen war.[2] In der Verurteilung dieser Ergänzung hatte Thorwaldsen vollständig Recht; die Stellung und Körperhaltung sind nicht die eines Redenden. Es fragt sich nur, was für eine andere an ihre Stelle zu setzen. Die seinige (mit dem Salb-

[1] Die Vermutung Hausers, wir hätten es mit einer verjüngten Darstellung des c. 50jährigen Ptolemaeers in Neapel (abgeb. Comp. e de Petra La Villa Ercol. tav. 9. 3; Arndt-Bruckmann Portr. Tf. 91, 92) zu tun, muss ich des Bestimmtesten ablehnen. Nase und Mund, welche beidemal vollständig erhalten sind, weisen zu deutlich auf Verschiedenheit der Person und des Charakters.

[2] S. die Abbildungen bei Guattani Mon. ant. 1787. Sett. Tf. 2 u. Müller-Wieseler I. 169. – Winckelmann (W. VI. 1. p. 117) scheint nur wie aus der Erinnerung davon zu sprechen, wenn er sagt, dass er den rechten Ellenbogen auf den rechten Schenkel gestützt habe, was nach den erhaltenen Teilen ganz unmöglich.

gefäss) gewiss nicht. Dieselbe verträgt sich weder mit der Deutung auf Alexander noch mit dem Panzer. Leider scheint aber auch von den neueren Vorschlägen noch keiner das Richtige getroffen zu haben.

Nach den Einen (Thiersch, K. Lange, Overbeck, Wulff), wäre Alexander damit beschäftigt, sich die Beinschienen anzulegen, wäre die Statue also gleichsam eine Modification des sich beschuhenden Jason oder Hermes.[1] Nach Andern (Brunn, Köpp, Furtwängler) hatte er in ausruhender Stellung seine Arme kreuzweise über den Schenkel des aufgestützten Beines gelegt, mit einem oder zwei lose gehaltenen Speeren in der Hand. — Das erstere Motiv kommt bekanntlich auf Vasenbildern und Gemmen bei Achilleus vor,[2] dem sich Alexander gerne von den Schmeichlern gleichstellen liess,[3] hier als das Anlegen der von Thetis übergebenen Waffen begründet. Dass es ebenso für Alexander bezeichnend war (etwa als Rüstung zum Perserzug. Wulff p. 55), kann man nicht sagen; er müsste denn mit direkter Beziehung auf Achill in dieser Situation dargestellt sein. Aber so typisch war das Beinschienenanlegen bei Achill doch nicht, dass man allein schon daraus die Beziehung auf ihn erkannt hätte. Ausserdem scheint weder der in der Ferne gerichtete Blick noch die leichte Biegung des linken Knies zu dieser Beschäftigung zu stimmen.

Ebenso wenig aber wird die Brunn'sche Hypothese dem Körpermotiv gerecht, indem der Oberleib bei natürlichem und bequemem Aufruhen der Arme mehr vorgebeugt sein müsste, etwa so, wie es bei der zur Analogie herbeigezogenen Ephebenstatue im Pal. Altemps, Matz-Duhn I. 1083 (abgeb. Clar. 854 D. 2211 D) und bei der betreffenden Figur (Kastor) der ficoronischen Cista tatsächlich der Fall ist.[4] Zu einem Alexander „die vor ihm aufgestellten Heerschaaren musternd" (Brunn) oder „die Wogen der Schlacht überblickend" (Furtwängler) passt weder der Ephebencharakter, noch die heroische Nacktheit, noch die lässige Ruhe des Standes.[5] Hätte der

[1] Lange Das Motiv des aufgestützten Fusses p. 55 unten, mit drei Skizzen; die Figur des Alexander auch bei Overbeck Plast. II. 4. p. 148.

[2] Overbeck Gall. her. Bilw. p. 442ff.; Lange a. a. O.

[3] Plut. Alex. 5.

[4] Vgl. auch die Figur auf den Münzen von Attaia in Mysien (abgeb. Imhoof Griech. Münzen, in den Abhh. der bayr. Akademie. 1890. Tf. VI. 24 u. 25, p. 611), welche Arndt als genaueste Analogie citiert. Alle übrigens im Gegensinn und verschiedene Personen darstellend.

[5] Vgl. Lange a. a. O. p. 55. Furtwängler schwebte wohl die ähnliche Stellung des lateranischen Poseidon vor, Helbig Führer I[2]. 688 (abgeb. Overb. Kunst-

Künstler ein solches Motiv im Sinne gehabt, so hätte er es mindestens durch Behelmung angedeutet. — Köpp denkt sich mit Beziehung auf die Philippeiongruppe, mit der aber unsere Statue schwerlich etwas zu tun hat (s. unten), den jugendlichen Prinzen seinem Vater gegenüber, in der Stellung des der Befehle des Zeus harrenden Götterboten.[1] Michaelis endlich möchte die Speere weglassen und die Linke einfach um den aufruhenden rechten Arm legen[2], wenn dann nicht besser die Hände mit verschränkten Fingern ineinandergriffen; denn das Festhalten des Armes hat doch einen gar zu nüchternen Charakter. Aber alle dem steht der aufrechte oder wenig gebeugte Rückgrat entgegen, der sich mit dem Motiv einer handlungslosen Ruhe, wie schon K. Lange bemerkt,[3] nicht recht vereinigen lässt.

Vielleicht ist die Ergänzung des aufgestellten Beines nicht so unbedingt richtig. Dasselbe war möglicher Weise bei der gleichen Richtung des Oberschenkels mehr gestreckt und der Stützpunkt des Fusses weiter nach vorn gerückt, was auch für die Beschäftigung der Hände zu anderen Voraussetzungen führen würde. Oder die Figur war mit einer zweiten gruppiert und erst in der Beziehung zu dieser findet die Gliederstellung ihre Erklärung. Einen bestimmten Vorschlag zu machen, bin ich allerdings nicht im Fall; es soll nur gesagt sein, dass bis jetzt die Ergänzung ein ungelöstes Problem.

Was den Stil betrifft, so neigt man nach der früheren Beziehung auf Lysippos[4] jetzt mehr auf Leochares zu. In der Tat sind die Gründe für jenes wenig stichhaltig. Denn der aufgestützte Fuss ist weder eine lysippische Erfindung, noch als eine von Lysipp besonders beliebte Darstellungsform nachzuweisen.[5] Für Leochares

myth. Atlas XII. 29), der aber den linken Arm auf den Dreizack stützt, wie auf den Münzen des Demetrios Poliorketes, und dadurch viel praegnanter als Herrscher bezeichnet ist.

[1] Köpp p. 18.

[2] S. die Abbildung in der Festgabe der Universität Strassburg 1901. p. 34, wiederholt bei Schreiber p. 276.

[3] A. a. O. p. 55.

[4] Brunn Glypt. 153; Overb. Plast. II. 4. p. 148; Lange Der aufgestützte Fuss p. 53ff.; Emerson American Journ. of arch. III. p. 250; und noch Collignon Hist. de la sculpt. gr. II. p. 433.

[5] Wenn er uns noch einmal, freilich in anderer Bedeutung – als Herrschermotiv, nicht als Ruhestellung – im Kreis der mutmasslichen Alexanderfiguren begegnet (Londoner Bronze, abgeb. Clarac. pl. 972, s. unten), so ist auch hier Lysippos schwerlich mit im Spiel.

dagegen (Köpp, Furtwängler, Michaelis, Wulff, Waldhauer) wird vielleicht nicht mit Unrecht die Verwandtschaft des Kopfes mit dem des Apoll von Belvedere geltend gemacht. Aber so lange man über das eigentliche Motiv der Statue im Dunkeln ist, kann auch die Urheberfrage nicht sicher entschieden werden. Nach ihrer jetzigen Erscheinung, die von keinem Standpunkt aus einen ganz befriedigenden Eindruck gewährt[1] mit ihrem etwas weichlichen Charakter, den unschön abfallenden Schultern, den paralell laufenden Oberarmen und Unterschenkeln und mit der schlaffen, halb eingeknickten Stellung des linken Beines würde man ohne den prächtigen Kopf überhaupt nicht auf einen Künstler ersten Ranges schliessen dürfen.

Als Wiederholungen bezeichnet C. L. Visconti[2] nicht weniger als vier Marmordenkmäler: Zwei allerdings mit links aufgestelltem Bein, die eine schon von Brunn zum Vergleich herbeigezogen, im Pal. Altemps (oben p. 49), die andere erst neuerdings gefunden (wo befindlich?) mit *balteus* über der Brust; sodann eine mit Helm im Pal. Negroni zu Rom und eine kleine im Pal. Doria ebenda, beide mit rechts aufgestütztem Bein. Visconti meint, die Verkehrtheit der Seiten sei von *poco momento*. Indes ist keineswegs gesagt, dass bei den erstgenannten wirklich die gleiche Darstellung, nur in den Seiten verkehrt, vorliege. Ursprünglich mochte auch Anderes nicht ganz stimmen; schon der *balteus* bei der einen weist darauf hin. Dass sodann die Beigabe eines Helmes (P. Negroni) den Gegenstand wesentlich modificiert, ist klar. Über die Statuette im Pal. Doria ist mir nichts Näheres bekannt. — Es scheint sich also nicht sowohl um Repliken als um weitere Darstellungen nackter Statuen mit aufgestelltem Fuss zu handeln, ohne dass nähere Beziehungen gegenständlicher oder typischer Art zwischen ihnen nachweisbar wären.[3]

Im Typus einigermassen verwandt, man könnte fast sagen, eine Übertreibung des rondaninischen Alexander ins Zeusartige, ist der

[1] Vgl. Waldhauer Über einige Portr. Al. p. 41.

[2] Im Bull. Comun. XV. 1887. p. 137.

[3] In mancher Beziehung wäre auch die nicht ganz lebensgrosse Terracotta-Halbfigur in der Villa di Papa Giulio bei Rom (*trovato nel tempio dello Scasato*) zu vergleichen, die freilich nur vom Nabel aufwärts erhalten oder von Anfang an als Halbfigur gearbeitet ist. Sie erinnert im Kopftypus stark an die rondaninische Statue, ist aber ohne Zweifel kein Porträt, sondern eine dem Mythos entnommene apolloartige Jünglingsfigur.

Fig. 11. Kopf in Chatsworth

Kopf in Chatsworth House, Derbyshire, mit dem uns Furtwängler neuerdings näher bekannt gemacht hat (abgeb. Fig. 11).[1] Die Haare sind von einem Reif umgeben, unter welchem ein breiter Lockenkranz hervorquillt und auf den Nacken fällt, während oberhalb des Reifes das Haar glatt gekämmt ist. Über der Stirnmitte in doppelter Abstufung je zwei symmetrisch emporstrebende Locken, welche in divergierender Richtung wieder herabfallen. Das Gesicht, durch die ergänzte Nase entstellt, mit (ähnlich wie bei der rondaninischen Statue) nach oben spitz zulaufender Stirn und zweigeteiltem Kinn von schwach ausgeprägten Porträtzügen, deren „belebte Schönheit", wie Furtwängler meint, auf die attische Schule hinweist. Die gleiche Ansicht vertritt Schreiber, der sogar speziell an Leochares denkt.[2] Indes wird es Einem auf Grund der Abbildungen schwer, der hohen Schätzung Furtwänglers beizupflichten. Die Auffassung erscheint beinahe schwülstig, der Ausdruck weder wahrhaft grossartig noch anziehend. Die Deutung beruht im Wesentlichen auf dem Schema der Stirnlocken, die aber mehr nur eine Empfehlung als ein Beweis. Denn die gleiche doppelstufige Anlage kommt bei Köpfen vor, die dem Typus nach nicht Alexander darstellen, wie bei dem auf einer Ephebenstatue im Pal. Corsini al Prato zu Florenz (abgeb. Arndt-

[1] Furtwängler Journ. of hell. stud. 21. 1901. pl. IX und X, p. 212ff., und danach bei Ujfalvy p. 174, 175 und Schreiber Stud. Taf IV. G.

[2] Stud. p. 62 u. 224; Waldhauer p. 86 glaubt deutlich den Einfluss des Lysipp zu erkennen.

Fig. 12. Statue von Magnesia in Constantinopel

Fig. 13. Kopf der Statue von Magnesia

Amelung Einzelaufn. 328, 329) mit senkrecht herabfallenden Nackenlocken, sanft geschwellten Brauenmuskeln und freundlich aufwärts gerichteten Mundwinkeln. Auch die im sonstigen Lockenaufbau verwandten Köpfe der (Apollo?)-Statuen in Paris (abgeb. Schreiber Stud. p. 285)[1] und im Pal. Pitti zu Florenz (abgeb. Overbeck Kunstmyth. Zeus Figur 19), welche Schreiber damit vergleicht,[2] sind keineswegs „gesicherte Alexander".

Der Verfasser der Studien widmet dem Chatsworther Kopf ein besonderes Kapitel (p. 59ff.) und glaubt ein weiteres Entwicklungsstadium des betreffenden Typus in dem zusammen abgebildeten kleinen Bissing'schen Kalksteinköpfchen in München (Stud. Taf. IV)[3] zu erkennen. Der symmetrischen Stirnlocken wegen wird man allerdings die Alexanderbedeutung bei letzterem in Erwägung ziehen müssen. Warum es aber grade mit dem Chatsworth'schen Kopfe in nächste Beziehung gesetzt wird, ist mir unverständlich. Schon die Haaranlage ist nur mässig verwandt, die Hals- und Kopfwendung ist die umgekehrte, der Gesichtstypus und der Ausdruck absolut verschieden. Und doch hätten diese bei Vergleichungen in erster Linie mitzusprechen.

Endlich reihen wir hier noch zwei ethisch aufgefasste Denkmäler an, die erst in neuerer Zeit bekannt geworden und den Alexanderbildnissen zugeteilt worden sind, die aber m. E. die Probe noch keineswegs bestanden haben, die Statue von Magnesia und den Torso von Priene.

[1] Clarac. pl. 346. 926.
[2] Stud. p. 284 ff.
[3] Die ganze Büste von drei Seiten abgeb. ebenda p. 155. Fig. 14.

Fig. 14. Profil des vorigen

Die Statue von Magnesia in Constantinopel (abgeb. Fig. 12, 13, 14), gefunden *in delubro matris Sipylenae prope Magnesiam*, wurde zuerst von Th. Reinach[1] als Apollo, dann von Wiegand[2] mit Beistimmung von Hamdy-Bey als Alexander publiciert. Sie ist mit einem faltenreichen Mantel bekleidet, der ziemlich lose auf der linken Schulter ruht und um den Unterkörper geschlagen ist. Der Kopf unzweifelhaft zugehörig, von sehr idealen Formen, so dass man nicht sicher unterscheiden kann, ob Porträt oder nicht. Rechts über der Stirn gehen die Haarbüschel leicht auseinander, ohne doch aufzustreben. Hinter den Stirnlocken, vom Scheitel bis zu den Ohren, läuft eine Reihe von Heftlöchern, die auf die ehmalige Beigabe eines metallenen Kranzes deuten, der im Nacken gebunden war; daher die Rille am Hinterkopf. Der fehlende rechte Arm war erhoben, der erhaltene linke ist gesenkt mit einem fragmentierten Gegenstand in der Hand. — Für beide Erklärer, Th. Reinach und Wiegand, war nicht sowohl der Kopftypus als das von der Linken gehaltene Fragment, nach Reinach der Rest einer zur Erde niedergesetzten Kithara, nach Wiegand der Griff eines aufwärts gerichteten Schwertes, wegleitend oder massgebend gewesen. Die Ergänzung mit der Kithara dürfte indes schon materiell auf Schwierigkeiten stossen und scheint nicht ganz mit der erhobenen Rechten zu stimmen. Aber auch die mit dem Schwert ist der Abbildung nach zu urteilen, nicht sicher. Die Haltung des Armes, wie er jetzt am Körper anliegt, hat etwas Steifes, und dieser Ein-

[1] In den Monuments Piot. III. 1897. pl. 16—18. p. 155ff.

[2] Im Jahrb. d. Inst. XIV. 1899. Taf. I. p. 1ff.

druck würde durch eine damit parallel laufende Schwertscheide noch verstärkt. Wiegand meint, die gleiche Haltung finde sich häufig an römischen Kaiserstatuen. Ich habe mich vergebens nach wirklich analogen Beispielen umgesehen. Jedenfalls kann ich die Hadrianstatue in Constantinopel (abgeb. in m. röm. Ikonographie II. 2, Taf. 38), die mit den Fingern in die Lederlappen des Panzers greift, nicht als ein solches betrachten. In dem hoch erhobenen rechten Arm der Magnesiastatue wird man allerdings ein stabartiges Attribut, eine Lanze oder ein Scepter voraussetzen müssen, wozu dann von jenen beiden Ergänzungsweisen nur das Schwert passte, und von den beiden Deutungen nur Alexander. Doch kann man nicht sagen, dass die Ergänzung mit Schwert und Lanze der ruhigen Haltung und dem bis auf die Füsse reichenden Gewandmotiv besonders angemessen sei.

Auch der Kopf ist leider nicht dazu angetan, die Wiegand'sche Deutung sicher zu stellen. Ein Typus, der zwischen Ideal und Porträt schwankt und der weder in der Haltung noch im Charakter des Haares besondere Eigentümlichkeiten aufweist. Wiegand beruft sich auf die Ähnlichkeit des Profils mit den beglaubigten Alexanderköpfen der Lysimachosmünzen, der herculanischen Reiterstatuette und sogar des Mosaiks von Pompeji. Von Ähnlichkeit kann aber höchstens bei den Münzen gesprochen werden, und auch da nur von einer ganz allgemeinen, die nichts beweist. Die Profilformen sind auf den Münzen entschieden kräftiger und nüancierter: eine mächtigere Vorwölbung der Stirn, eine stärkere Nase, eine tiefere Unterkehlung des Mundes. Wenn eine so bedingte Ähnlichkeit etwas bewiese, wie viele Idealköpfe müssten dann noch auf Alexander gedeutet werden. – Benndorf, der ebenfalls Alexander in der Statue erkennt, glaubt diese Meinung vielmehr durch die Verweisung auf den Erbacher Typus, d. h. auf das athenische Exemplar desselben (bei uns Taf. II) stützen zu können. Der Kopf der Statue von Magnesia gebe dasselbe Porträt, wie der Jünglingskopf auf der Akropolis, in etwas älteren, volleren Zügen, was besonders aus der Vorderansicht hervorgehe.[1] Ich will die Verwandtschaft der beiden Typen nicht durchaus in Abrede stellen. Es würde der von uns befürworteten Deutung jener Jünglingsköpfe zu Gute kommen, wenn sich noch ein zweites Beispiel ihres weich gelockten Haar-

[1] Wiener Jahreshefte III. 1900. Beiblatt p. 219. „Ähnlich namentlich die eigenartige Bildung des Mundes mit der nervös zuckenden Oberlippe, der vollfleischigen abfallenden Unterlippe und eine scheitelartige Teilung des gesträubten Haares.“

charakters bei Alexander nachweisen liesse. Aber überzeugend ist auch diese Ähnlichkeit nicht. Es fehlt eben doch ein Hauptcharacteristicum Alexanders, das aufstrebende Stirnhaar. – Bulle[1] meint, der Kopf gleiche besonders dem im Garten Boboli zu Florenz (abgeb. Einzelv. I. No. 106, 107), bei dem in der Tat die Stirnlöckchen flammenartig aufstreben. Aber es ist nicht die für Alexander bezeichnende Haaranlage, und der Kopf sicher kein Alexander.

Ich glaube, dass zu wenig positive Indizien vorhanden sind, um die Statue von Magnesia auf den Makedonerkönig zu beziehen. Jedenfalls darf nicht mit ihr als mit einem beglaubigten Alexander argumentiert werden wie es von Waldhauer[2] und von Six[3] geschieht. Es kann auch das idealisierte Porträt eines kleinasiatischen Fürsten sein, vielleicht des Wohltäters einer Stadt, vielleicht auch wie Alfr. Körte gelegentlich äusserte, und wie es das Fehlen aller Porträtzüge erklären würde, der Demos von Magnesia.

Was den Stil betrifft, so möchte Wiegand die Statue auf die Werkstatt der am Mausoleum beteiligten Künstler (Leochares) zurückführen. Ähnlich Furtwängler, Benndorf[4] und Bulle.[5] Schreiber[6] setzt sie in Parallele mit der Themis des Chairestratos (um 300) in Athen (abgeb. Collignon Hist. de la sculpt. gr. II. p. 462), wozu ich keinen zwingenden Grund sehe. Th. Reinach und Gräf[7] setzen sie ohne genauere Datierung in hellenistische Zeit. Wenn die mitgefundene und ebenfalls in Constantinopel aufbewahrte Künstlerinschrift Μηνᾶς Αἴαντος Περγαμηνὸς ἐποί(η)σεν, wie A. Körte als wahrscheinlich nachgewiesen,[8] dazu gehört, so würde sie für Th. Reinachs Ansicht entscheiden. Denn die Buchstabenformen weisen auf das 2. Jahrh. v. Christo. Bei einem von einem pergamenischen Künstler des 2. Jahrhunderts dargestellten Alexander würde man aber kaum diese statuarische Ruhe, sondern eher die Tonart des Gigantenfrieses erwartet haben.

Als Repliken des Kopfes bezeichnet Waldhauer[9] mit missbräuchlicher Anwendung des Wortes folgende 4 Denkmäler:

1. Den 1880 für das brit. Museum erworbenen Apollo (?)-Kopf (abgeb. Köpp Über das Bildn. Alex. p. 24).

[1] Zu Arndt-Amelung Einzelv. V. p. 104 Anm.
[2] Über einige Portr. p. 68.
[3] Röm. Mitt. 18. 1902. p. 213.
[4] Wiener Jahresh. a. a. O.
[5] Zum Einzelv. a. a. O.
[6] Stud. p. 85.
[7] Bursians Jahresb. 1901. III. p. 143.
[8] Inscript. Bureschianae, wissensch. Beil. zum Lect. cat. von Greifswald 1902. p. 11.
[9] Über einige Portr. Alexanders p. 45.

2. Den Kopf des sog. Protesilaos in Neapel (abgeb. Röm. Mitt. 1897 zu p. 36).

3. Den Kopf des Apollo mit der Gans in Neapel (abgeb. Overb. Kstmyth., Atl. XIII. 26).[1]

4. Den Heyl'schen Kopf in Darmstadt (abg. Arndt-Amelung Einzelv. No. 1448 bis 1450).

Davon sind No. 1 und 2 (ob auch No. 3?) allerdings unter sich Repliken. Sie zeigen die gleiche Haaranlage mit schmaler Binde und die gleiche Halsbewegung nach rechts. Aber das Stirnhaar strebt nicht empor, sondern ist nur über dem rechten Auge in freier Weise nach links und rechts geteilt, die Hauptpartie links laufend, und die Binde kann nicht als Diadem gelten; also schon aus diesen Gründen schwerlich Alexander. Eine breitere Binde oder, wie es scheint, eher einen Haarreif, bei gleicher Halsbewegung zeigt der Heyl'sche Kopf (4), der auffallend an den Apoll von Belvedere erinnert und wahrscheinlich ebenfalls Apollo darstellt. Bei dem Kopf der Magnesiastatue sehe ich nichts, was auf das gleiche Original mit einem von ihnen hinwiese. Er ist nicht pathetisch erregt, was schon gar nicht zu dem ruhigen Stand des Körpers passen würde; die Stirn ist oben nicht zurückgewölbt, die das Gesicht umrahmenden Haare sind compakter angelegt, ohne herabgehende Wangenbüschel wie bei No. 1 und 2 oder über die Ohren hinlaufende Locken wie bei No. 4. Endlich war er den Heftlöchern nach bekränzt, was bei keinem der anderen der Fall. – Dergleichen Zusammenstellungen mehr oder weniger verwandter Köpfe, die doch nicht Wiederholungen sind, können zur Deutungsfrage nichts beitragen.

Torso von Priene. – Ebenfalls stark bestritten ist die Bedeutung des kleinen Marmortorso's, der 1895 bei den Ausgrabungen der Berliner Akademie in Priene gefunden wurde, und der besonders von Kekulé im Sinne einer Alexanderstatue besprochen worden ist (abgeb. Fig. 15).[2] Er ist aus drei Stücken zusammengesetzt: Kopf, Brust und rechtem Oberarm, zu denen vielleicht noch eine linke Hand mit Schwertgriff (abgeb. Kekulé p. 283) gehört; auf der linken Schulter Spuren eines ehmals aufliegenden Gewandes. Etwa ein Drittel lebensgross. Das Bruststück muss an

[1] Mus. borb. IV. 22.

[2] Kekulé in den Sitzungsberichten der Berl. Akad. 1899. I. p. 280 mit vier Abbildungen; zwei weitere bei Ujfalvy p. 93 u. 99.

Fig. 15. Torso von Priene in Berlin

einem anderen Ort gelegen haben als Kopf und Arm; wenigstens hat der Marmor eine gelbliche Farbe im Gegensatz zu dem bläulich grauen des Kopfes. Der Rücken scheint vernachlässigt oder nicht vollständig erhalten zu sein (vgl. die Seitenansicht bei Ujfalvy S. 99); die Nase ist ergänzt.

Dass wir es bei diesem Torso mit einer menschlichen, nicht mit einer mythischen Persönlichkeit zu thun haben, geht aus dem breiten Gesicht und dem individuellen Munde ziemlich deutlich hervor. Die Formen sind, wenn auch nach griechischer Weise mit Unterdrückung des zufälligen Details einfach behandelt, nirgends absichtlich verschönert oder durch Stilgesetze modificiert. Sie dürfen also sehr wohl an der Azaraherme auf ihre Alexanderbedeutung hin gemessen werden. Aber spezielle Ähnlichkeiten kann ich keine in dem Köpfchen erkennen, weder in den Gesichtsformen noch in den Haaren. Das Gesicht hat andere Proportionen, ebenso ist die Schädelform und die Augenbildung verschieden. Über die Anlage der Haare im Allgemeinen kann zwar der Verstümmelung wegen kaum geurteilt werden; doch sind sie grade an der entscheidenden Stelle über der Stirn gut genug erhalten, um erkennen zu lassen, dass sie nicht emporgesträubt sind. Sie bilden daselbst nicht zwei auseinandergehende, sondern zwei nach derselben Seite gerichtete mit den Spitzen ins Gesicht fallende Löckchen. Nun kann man freilich nicht von einem Denkmal reden, bei dem es in erster Linie auf Bildnisähnlichkeit abgesehen war, wofür schon der Massstab zu klein ist; das Motiv musste mitsprechen, die Haltung und die heroische Nacktheit. Und diese konnten auch bei mässiger Ähnlichkeit, wie es z. B. bei der Statuette von Gabii in Paris der Fall ist, immerhin zu Gunsten Alexanders entscheiden. Kekulé glaubt in der Tat jene Statuette (abgeb. unten Fig. 25) als nächstverwandt in der Gesamthaltung bezeichnen zu dürfen und durch ihre Analogie die Deutung stützen zu können. Dieselbe hat aber im Grunde nur die Halswendung nach rechts und den abwärts gestreckten Oberarm mit unserem Denkmal gemein. Es dürfte schwer, wenn nicht unmöglich sein, den Torso nach dem Vorbild der gabinischen Statuette zu ergänzen. Der Brustkorb ist nicht nach links gedreht wie dort, er setzt keinen eingebogenen Rücken voraus; die Halswendung hat nichts Pathetisches, der Kopf ist nicht aufwärts gerichtet. Nehmen wir dazu den Mangel des Helmes, wo bleibt da noch etwas übrig, das uns berechtigte, die Figur nach dem Alexander von Gabii zu benennen? Höchstens wieder wie bei der Statue von Magnesia die möglicherweise (!) zugehörige Hand mit dem Schwertgriff.

Übereinstimmender wäre das Körpermotiv des Torso Campana im Louvre (abgeb. unten p. 76), den wir bei der folgenden Gruppe besprechen werden. Aber hier ist der Kopftypus viel zu verschieden, als dass an Gleichheit der Person gedacht werden könnte, und vielleicht besteht die Übereinstimmung des Motivs nur in den erhaltenen Teilen; denn über die Armhaltung und Beinstellung sind wir auch hier ganz im Unklaren; von der Zweifelhaftigkeit der gegenständlichen Deutung zu schweigen. Ich muss mich dem Urteil Schreiber's[1]

[1] Stud. p. 85.

anschliessen, der das Berliner Bildwerk für eine im besten Fall ikonographisch wertlose Darstellung Alexanders ansieht.

Die Arbeit desselben ist derb und wenig ausgeführt und lässt meines Erachtens keine sichere Schulbestimmung zu. Schreiber meint, der Kopf sei von attischer Kunst nicht zu trennen, jedenfalls von lysippischer Art weit entfernt. Kekulé umgekehrt hält ihn namentlich der Stirnbildung wegen für lysippisch und sogar für original, vielleicht für gleichzeitig mit Alexander. Indes ein mit Alexander gleichzeitiges Werk von lysippischem Stil müsste ziemlich von Lysippos selber sein, was bei dieser Statuette undenkbar.

b. Zweite Gruppe: Pathetische Köpfe.

Indem wir nach dieser Betrachtung der von uns als ethisch bezeichneten Gruppe zu den mehr oder weniger pathetisch erregten Köpfen übergehen, muss bemerkt werden, dass eine scharfe Grenze zwischen beiden nicht gezogen werden kann. Bis zu einem gewissen Grad hat schon der Ausdruck des Sieglin'schen Köpfchens etwas Schwärmerisches oder mag schon in dem Kopf der rondaninischen Statue eine über das Ethos hinausgehende verborgene Beziehung liegen. Es handelt sich hier bloss um eine vorläufige allgemeine Klassifizierung, an deren Stelle, wenn einmal die einzelnen Bildnisse besser oder sicherer identificiert sind, der Versuch einer Entwicklungsgeschichte treten muss.

Während bei den ethischen Bildnissen (den ruhig aufgefassten Porträts) vorwiegend die typische Ähnlichkeit mit der Azaraherme oder mit den Münzen in Betracht kam, sind es bei dieser zweiten Gruppe nicht sowohl die Porträtzüge als die an ihnen zu Tage tretenden auf Alexander weisenden Eigentümlichkeiten, welche für die Deutung den Ausschlag geben. Also neben der majestätischen Lockenfülle und dem aufstrebenden Stirnhaar, die wir schon bei jenen trafen, der aufwärts gerichtete Blick und die pathetisch ausgebeugte Haltung, beides freilich auch sonst beliebte Motive in der hellenistischen Kunst. Die bekanntesten Beispiele hierfür sind der Kopf von Alexandria im brit. Museum und der capitolinische sog. Alexander-Helios, denen sich ausser einer Anzahl mehr oder weniger bestrittener namentlich noch einige behelmte anschliessen. Die meisten wenden sich mit dem Hals nach rechts, nur der Torso Campana und der Kopf der Sammlung Barracco nach links (εἰς εὐώνυμον. Plut.). Doch wird das Verhältnis ein wesentlich anderes, sobald man die ganzen Statuen (kleinen Bronzen) mit einbezieht. Wir haben oben (p. 18f.) die Gründe angegeben, warum wir dem Unterschied der Richtung keine für die Ikonographie massgebende Bedeutung zuschreiben können und wir verzichten auf eine consequente Auseinanderhaltung nach diesem Gesichtspunkt um so mehr, als sonst in einzelnen Fällen das typisch Verwandte zu weit von einander getrennt werden müsste.

Der Kopf des brit. Museums. – Zu den nach rechts ausgebeugten Köpfen gehört zunächst der bei Alexandria gefundene des brit. Museums (abgeb. Taf. VI).[1] Er ist etwas aufwärts gerichtet, von niedrigen, in die Breite gehenden Proportionen. Das lang gelockte Haar bedeckt die Ohren vollständig und fällt ohne Einkerbung auf den Nacken. Die Stirnbüschel sind nach rechts und links geteilt, doch nicht aufstrebend, sondern eher ins Gesicht fallend, ähnlich wie beim Sieglin'schen Köpfchen. Das Profil griechisch, mit vorgewölbter Unterstirn und unmerklich eingebogenem breitem Nasenrücken. Die Brauen weich profiliert und ihre Wölbung zur Nasenwurzel hingezogen, die oberen Lider an den Schläfen vom Brauenmuskel verdeckt; die Wangen fast senkrecht abgeflacht, die Unterlippe etwas vorgeschoben, die Mundwinkel leicht emporgerichtet. Die Gesichtshälften ungleich, aber hier umgekehrt wie bei der Azaraherme, die rechte Seite die breitere. Die Rückseite des Kopfes ist roh gelassen. Das am meisten Charakteristische ist der auf Blick und Haltung beruhende schwärmerische Ausdruck, der bei Beschattung der Augen förmlich in Verzückung aufgeht. Emerson und Köpp glauben im Gegensatz zu dem rein hellenischen Erbacher Typus etwas Halbbarbarisches in dem Kopf zu erkennen, eine *striking resemblance to the Thumelicus in the brit. Museum.* In Wahrheit ist die Ähnlichkeit eine ganz äusserliche, auf den breiten Proportionen und der Haartracht beruhend.

Von den Gesichtszügen hat nur der Mund etwas Individuelles, sonst lässt sich nicht sicher entnehmen, dass ein Porträt vorliegt, und aus der Vergleichung des Profils mit den Münzen oder mit der Azaraherme nicht sicher, dass Alexander. Die für letzteren sprechenden Momente sind mehr nur der Blick, das Lockenhaar und die Haltung. Und auch Blick und Lockenhaar stimmen nur halb, indem jener zwar deutlicher als sonst die Eigenschaft der ὑγρότης, nicht aber den

[1] Schreiber Stud. Tf. II. D 1; ausserdem bei Stark, Baumeister, Köpp, Ujfalvy u. And.

Ausdruck des Löwenhaften zu besitzen scheint, und bei diesem die ἀναστολή des Stirnhaars sehr mangelhaft zur Erscheinung kommt. Indessen wenn die Deutung des Sieglin'schen Köpfchens sich bewährt, so dürfen wir allerdings daraus schliessen, dass die ἀναστολή bei alexandrinischen Idealbildnissen zuweilen in dieser zierlicheren Form durch zwei auseinander gehende Locken dargestellt wurde. Als Drittes kommt die seitwärts und aufwärts gerichtete Haltung hinzu, die man nicht ohne Grund mit der von Plutarch überlieferten physischen Eigentümlichkeit des Königs in Verbindung bringt. Kehrt sie doch ähnlich oder mit noch gesteigertem Pathos bei einer ganzen Reihe mutmasslicher Alexanderdarstellungen wieder, Darstellungen, die zwar alle, wenn man will, Zweifeln in Beziehung auf die Bedeutung unterworfen sind, bei denen aber ausser der Haltung stets noch dieser oder jener Empfehlungsgrund hinzukommt, sodass sie gegenseitig ihre Namensbezeichnungen stützen. Und da auch der Fundort einigermassen für Alexander spricht, so bleibt trotz dem zweifelhaften Ergebnis der physiognomischen Analyse die Wahrscheinlichkeit der herkömmlichen Deutung bestehen.[1]

Nach einem Bericht Murray's[2] soll die Oberfläche des Kopfes noch anzeigen, wo früher ein metallenes Diadem hinlief. Mir scheint das Haar nicht für ein Diadem und der Typus nicht für ein Königsbildnis angelegt. Ausserdem gestehe ich, solch angeblichem metallenem Bindenschmuck, für welchen es m. W. keine sicheren Belege giebt, zumal bei so flüchtig gearbeiteten Werken, eher skeptisch gegenüber zu stehen (vgl. oben p. 22).

Der runde Halsausschnitt weist darauf hin, dass der Kopf zum Einlassen in eine Statue bestimmt war. Aber das Motiv dieser Statue ist schwer zu erraten. Denn eine mit nackter Brust kann es nach allgemein technischer Übung nicht gewesen sein, da man Zusammensetzungen des Nackten an so exponierter Stelle natürlich vermied. Und vollständige Bekleidung oder auch nur ein Panzer will zu der idealen Auffassung des Kopfes nicht stimmen. Man wird ein chlamysartiges, mehr nur die Schultern bedeckendes Gewand annehmen müssen, etwa wie die Aegis bei der Berliner Bronze (unten Fig. 38)

[1] So urteilen auch Stark, Köpp, Collignon, Gräf, Schreiber, während Wolters (Gipsabgüsse Berlins. n. 1602), Amelung (Bull. Comun. 25. 1897. p. 114), Bulle (bei Hirth Der schöne Mensch. Altertum, zu Taf. 195) dieselbe verwerfen. Wulff p. 59 sieht in ihm einen Alexander-Dionysos, Bulle möchte eher an einen Flussgott oder an ein sonstiges Elementarwesen denken (vgl. Schreiber Stud. p. 279f.).

[2] Bei Stark Zwei Alexanderbildnisse. p. 16.

oder wie das Mäntelchen des früher sog. Selenkos in Neapel (Clarac. pl. 840).[1]

Kunsthistorisch lässt sich der Kopf kaum mehr mit einer der Schulen des ausgehenden 4. Jahrhunderts in Beziehung setzen. Man kann Anklänge an den Ganymed des Leochares, an die Auffassung und Marmorbehandlung praxitelischer Werke, oder noch weiter hinauf an die pathetische Richtung des Skopas erkennen. Aber es sind eben blosse Anklänge, die nicht berechtigen, eine direkte Abhängigkeit von diesen Künstlern zu statuieren. Der Kopf ist seinem Fundort nach in Alexandrien entstanden, und jedenfalls nicht vor dem 3. Jahrhundert. Diesen Ort- und Zeitcharakter trägt er in erster Linie an sich. So fasst es im Allgemeinen auch der neueste Beurtheiler, Th. Schreiber, auf. Nur will er die anscheinend attischen Einflüsse, die sich trotzdem bemerkbar machen, gar zu bestimmt von einem einzelnen Denkmal, dem schönen Sieglin'schen Köpfchen in Stuttgart herleiten, das, wie er meint, den Verfertiger des Londoner Kopfes zu einer Umbildung in der Richtung auf malerische Illusion veranlasst habe. Ich glaube nicht, dass eine so enge Beziehung der beiden zu einander begründet ist. Jenes Köpfchen ist, wie der kleine Massstab und die unvollendete Ausführung (der Haare) beweist, wie Schreiber selber zugiebt, eine blosse Atelierskizze (Schr. p. 58), also kein Monumentalwerk, dem man einen unmittelbaren Einfluss auf die Entwicklung des Alexandertypus zuschreiben dürfte. Wo daher Ähnlichkeiten getroffen werden, die auf ein Abhängigkeitsverhältnis hindeuten, ist anzunehmen, dass dieselben auf jetzt verlorenen Zwischengliedern beruhen, was natürlich ein genaues Abwägen des Verhältnisses erschwert oder unmöglich macht. Übrigens reduciert sich die Ähnlichkeit auf einen Teil der Haaranlage und auf die Bildung der Augen, höchstens noch auf das Bewegungsmotiv des Halses. Die Verschiedenheiten aber, die ganz andere architektonische Form des Kopfs, die gedrückteren Proportionen, die stumpfere Nase, das Vortreten der Unterlippe, wodurch der Charakter

[1] Unbegreiflich ist mir, wie der Verf. der Studien diesen schwärmerischen Kopf mit der nüchternen Statuette Demetrio in Athen (abgeb. Schreiber Tf. IX) in Verbindung bringen und möglicher Weise „als ein Stück ihres Originals" betrachten konnte, das dann also mit dem aufgeschürzten Chiton bekleidet war (p. 117). In der vorhergehenden Besprechung (p. 48) war er allerdings geneigt, das Denkmal für eine Büste zu halten, weil das Halsende so zugerichtet, dass es auch ohne Basis aufrecht steht.

des Profils total verändert erscheint, Alles das kann nicht als Fortbildung in dem angegebenen Sinne erklärt werden.

Der Verfasser der Studien macht uns noch mit einer Anzahl weiterer Denkmäler alexandrinischer Herkunft bekannt, die er (p. 53) als abgeschwächte Reminiscenzen des Londoner Kopfes und als Zeugnisse für die Beliebtheit des Bildnisses bezeichnet. Von einem feststehenden Typus kann bei ihnen nicht mehr gesprochen werden. Man muss sich mit der Identität der Person begnügen, und auch diese erscheint in manchen Fällen zweifelhaft. Eine grössere Ähnlichkeit zeigt im Grunde nur das künstlerisch unbedeutende Kalksteinköpfchen (abgeb. Stud. p. 53). Die Replik des Sieglin'schen (ibid. p. 54) mit dem aufstrebenden Stirnhaar steht ihm schon ziemlich fern. Das Köpfchen der Samml. Zogheb (ibid. p. 55) und die vier auf Taf. III daselbst abgebildeten Bildnisse, darunter der lebensgrosse Granitkopf, würden, wenn sie anderswo gefunden wären, kaum mehr mit Alexander in Beziehung gebracht werden.

Der capitolinische Kopf. – Ein anderes männlicheres und energischeres Pathos mit entsprechend stärkerer Ausbeugung des Halses treffen wir bei dem bekannten Colossalkopf des Capitols, Zimm. des sterbenden Fechters No. 3 (abgeb. Taf. VII).[1] Auch das Haupthaar ist hier bewegter und wallt in mächtigeren Locken auf Schultern und Nacken herab. Zwei von den Locken sind über der Stirn in natürlichen unsymmetrischen Partieen empor geworfen. Das Profil ist gegen die Mitte zugespitzt, wie auf den Lysimachosmünzen; doch sind Stirn- und Nasenlinie etwas abgestuft und durch die kräftige Vorwölbung der Unterstirn unterbrochen. Die Augen gross aufgeschlagen, der Mund leicht geöffnet, an den Wangen ein keimender Flaumbart. Ein leiser Zug des Unmuts verschwindet fast gänzlich vor dem dominierenden Ausdruck der Hoheit und der Energie. — Hinter dem Lockenkranz läuft eine von vorn nicht sichtbare wulstige Binde oder ein Reif um den Kopf mit fünf kleinen Löchern. Der Hinterkopf ist nicht ausgearbeitet und erscheint etwas flach, ohne die schöne Wirbelwölbung wie beim Alexander der Münzen (auf Vorderansicht des Kopfes berechnet). Es ist ohne Zweifel der Rest einer Statue, jetzt durch Einlassen auf einen runden Brust-

[1] Photographisch ausserdem bei Arndt-Bruckm. 186, 187; Collignon Hist. de la sculpt. gr. II. p. 434; Köpp Alexanderbildnis p. 20 und Monogr. zur Weltg. p. 13; Monum. Lincei VI. Tf. 2; Schreiber Stud. Tf. V. K. 1; Ujfalvy p. 21.

Fig. 15a. Kopf im Capitol vgl. Taf. VII

ausschnitt zur Büste gemacht, der Ausführung nach römisch. Am Kopfe bloss der untere Teil des Nasenrückens ergänzt, leider zu spitz, was den richtigen Eindruck entschieden stört.[1]

Die Deutung auf Alexander fällt wie bei der rondaninischen Statue schon vor die Entdeckung der Azaraherme, und ist durch letztere nicht eigentlich bestätigt worden. Denn sie beruht, abgesehen von dem mähnenartigen über der Stirn aufstrebenden Haarwuchs, auf lauter Zügen, die jener fremd sind, der Ausbeugung des Halses, dem leicht nach oben gerichteten Blick, dem ganzen machtvollen, das jugendliche Ungestüm des Königs bezeichnenden Ausdruck. Stricte beweisend sind diese Züge natürlich nicht, zumal da die Richtung des Halses nicht mit Plutarch übereinstimmt (ἀνάτασις τοῦ αὐχένος εἰς εὐώνυμον κεκλιμένου); daher auch die Deutung keineswegs allgemein acceptiert. Visconti[2] erklärte den Kopf wegen seines idealen Charakters und wegen der Löcher im Reif, die er auf ehmals eingesetzte Strahlen bezog, vielmehr für Helios, dem ja wie den Dioskuren das über der Stirn aufstrebende Haar ebenfalls gegeben wurde. Und seitdem schwankt die Bezeichnung hin und her. Noch neuerdings meint Köpp,[3] es liege jenseits der Grenze wissenschaftlicher Erwägung, dass hier der vergötterte Alexander gemeint sei.[4]

Allein trotz aller Idealität und der für ein Porträt ungewohnten

[1] Fig. 15a giebt den Versuch einer abgestumpfteren (vielleicht etwas zu kurz geratenen) Ergänzung. Die von Six in den Röm. Mitt. X. p. 179 behält die Länge bei und rundet nur die Spitze ab. Das Richtige liegt wohl in der Mitte.

[2] Zu Pio Clem. I. p. 92. Anm. 3. [3] Alexanderbildnis p. 21.

[4] Für Alexander haben sich ausgesprochen: Winckelmann und seine Herausgg., O. Müller, Overbeck, Helbig, Arndt, Collignon, Furtwängler, Wulff, Ujfalvy, Schreiber, Waldhauer; für Helios Visconti, Hirt, Wolters, Köpp, Sal. Reinach.

Auffassung kann man sich der Wahrnehmung nicht verschliessen, dass ganz bestimmte individuelle Züge vorhanden sind, welche sonst niemals einer Gottheit gegeben wurden.[1] Wir rechnen dazu die im Profil sehr fühlbare Abstufung von Stirn- und Nasenlinie, die leichte Nüancierung der letzteren, die Angabe der Brauenhaare, die spitze Nase, der auch bei anderer Ergänzung der Charakter des Individuellen nicht genommen werden kann, die vorspringende, tief und in scharfem Winkel überkehlte und eckige Bildung des Kinns, die Spaltung des letzteren, den nicht mehr ganz jugendlich gebildeten Hals mit Angabe des Knorpels, endlich den bei einem Helios kaum zu erwartenden Wangenflaum. Danach wird es sich eben doch um ein idealisiertes Porträt handeln, und dann ohne Zweifel um Alexander, nicht bloss des aufstrebenden und in langen Locken herabwallenden Haares wegen, sondern weil er vor allen Hellenen am ehesten in dieser grossartigen, pathetisch erregten Haltung dargestellt werden konnte, und weil die meisten der hervorgehobenen Züge für ihn ebenso charakteristisch sind, wie sie bei Anderen auffällig oder unmotiviert wären.

Der Einzige, der neben ihm einigermassen in Betracht kommen könnte, ist Mithradates Eupator von Pontos, dessen Münzbildnis der langwallenden Haare und der schrägen Stirnlinie wegen auf den ersten Blick eine gewisse Ähnlichkeit zeigt, und bei dem auch das Merkmal des Wangenbartes etwa einmal verkommt. Daher von Six[2] ernstlich auf ihn gedeutet. Indes stimmen die Gesichtsformen, wenn man sich den wahrscheinlichen Typus aus den verschiedenen Münzen reconstruiert, keineswegs mit denen des capitolinischen Kopfes überein. Mithradates hat ein höheres Untergesicht, eine dickere Nase, eine hässlich starre Nasenlippe, und seine Haare sind wirrer durcheinander geworfen. Schon das Münzbild, wo es nicht gar zu sehr idealisiert ist, lässt deutlich den Barbaren erkennen; wie viel mehr wird dieser Charakter in seinen monumentalen Bildnissen zu Tage getreten sein.[3] Der capitolinische Kopf zeigt davon nicht die leiseste Spur. Und wie sollte, wenn es Mithradates wäre, eine Replik davon (s. unten) nach Ptolemais in Oberägypten gekommen sein, eine Replik, die übrigens aller Wahrscheinlichkeit nach schon ihrer Entstehungszeit nach früher als Mithradates fällt.[4]

[1] So schon die Herausgeber Winckelmanns VI. p. 201.

[2] Röm. Mitth. a. a. O.

[3] Vgl. Winter Mithradates Eupator, im Jahrb. d. Inst. IX. 1894. p. 245.

[4] S. Schreiber Strena Helb. p. 286; Stud. zu Alex. p. 76f. und Helbig Führer I². 546.

Also für eine Gottheit ist der Kopf zu individuell, und von menschlichen Persönlichkeiten bietet sich nur Alexander dar. Wenn das einstige Vorhandensein einer Strahlenkrone bei der Deutung berücksichtigt werden muss, so konnte durch sie nicht Helios selber (ein Helios mit Porträtzügen!) bezeichnet werden, sondern es musste Alexander unter der Gestalt des Helios sein.

Nun ist es aber keineswegs ausgemacht, dass die Löcher im Reif von ehmals eingesetzten Strahlen herrühren.[1] Dieselben sind ziemlich klein und unregelmässig verteilt, und wenigstens auf der linken Kopfseite mehr neben als auf dem Reif angebracht, also jedenfalls nicht die unmittelbaren Einsatzlöcher für die Strahlen.[2] Sie könnten höchstens zur Befestigung eines metallenen Strahlenkranzes gedient haben, wie ähnliche Löcher anderwärts zur Befestigung eines Lorbeerkranzes. Aber der von einer Binde umwundene Reif scheint weder der Rest noch die Unterlage von einer Strahlenkrone zu sein. Und die demnächst zu erwähnende ägyptische Replik des Kopfes, die doch aller Wahrscheinlichkeit nach die gleiche Person darstellt, entbehrt der Löcher vollständig und zeigt absolut keine Spuren, die auf die ehmalige Beigabe eines Strahlendiadems hinweisen.[3]

Geschichtlich steht der Begriff Alexander-Helios ziemlich in der Luft; es giebt keine Schriftzeugnisse, die von einem solchen

[1] Visconti (Pio Clem. I. p. 92. Anm. 3 und Mon. scelti Borghes p. 15. Anm. 2) und die meisten späteren Erklärer, sowie der officielle Catalog des Museo Capit. von 1888 p. 362 sprechen von sieben Löchern (Bezeichnung der sieben Wochentage). In Wirklichkeit sind es bloss fünf, wie Helbig richtig im Führer angiebt. Die Siebenzahl in den Monum. Lincei VI. p. 78 beruht auf einem Versehen. — Dass übrigens die sieben Löcher, wo sie vorkommen, schon als solche entscheidend für Helios seien, wird man nicht behaupten dürfen. Ein Typus wie der des Jünglingsköpfchens von Trianta bei Rhodos, das 1857 von General Haug in Rom erworben wurde (publ. von Hartwig Röm. Mitth. II. 1887. VII u. VIIa. p. 159), kann dem kurzen Athletenhaar nach unmöglich Helios sein (vgl. Schreiber Stud. p. 75. A. 20). Auch bei dem Kopfe des Herrn Schott in Jena (abgeb. Arndt-Amelung Einzelv. 1465, 1466) scheint mir die Deutung zweifelhaft. Ein bartloses Bronzefigürchen mit sieben Strahlen im Mus. Kircherianum zu Rom trägt in der vorgestreckten Rechten einen Delphin.

[2] Wie viel grösser diese zu sein pflegen, sieht man z. B. an dem Helioskopf auf dem korinthischen Deckenrelief, abgeb. American Journal of archeol. I. Ser. VI. 1992. pl. 5. Die 15 kleinen Löcher des rhodischen Kopfes, den Gräf als Helios publiciert hat (Strena Helbig. p. 99ff.), sind noch keineswegs als Strahlenlöcher erwiesen.

[3] Vgl. namentl. die Abbildung des Hinterkopfes bei Helbig Mon. Lincei a. a. O. p. 76. Fig. 1.

sprechen. Alexander selbst rühmte sich, ein Sohn des Zeus-Ammon zu sein, ein Bruder des Herakles, des Apollo, ein neuer Dionysos. Von Beziehungen zwischen ihm und Helios hören wir nichts als etwa den vereinzelten Umstand, dass er am Ufer des Hyphasis neben anderen Göttern auch dem indischen Helios einen Altar geweiht,[1] was für unsere Frage ziemlich irrelevant.

Auf einem Gebiete allerdings scheint die Untersuchung noch nicht abgeschlossen zu sein, auf dem der Denkmäler. Schreiber hat eine kleine aus Aegypten stammende Bronze des Louvre publiciert (Stud. Taf. VIII. P), eine Panzerfigur mit Strahlenkrone, die nach ihrer „Porträthaftigkeit und unverkennbaren Ähnlichkeit mit dem Barraccokopfe“[2] Alexander darstelle und daher beweise, dass die Auffassung des Alexander als Helios tatsächlich vorkam. Und ebenfalls einen deutlichen Alexander wollte Helbig in einer nackten Bronzefigur mit Nimbus und Strahlenkranz im Museum Galizin in Moskau erkennen.[3] Über die letztere habe ich kein Urteil, da sie nicht publiciert ist. Ihre Alexanderbedeutung müsste aber jedenfalls besser beglaubigt sein, als die der Louvrebronze, wenn etwas damit bewiesen werden sollte. Denn die angebliche Ähnlichkeit dieser letzteren mit dem zweifelhaften Barraccokopfe ist ein ganz ungenügendes Kriterium. Schreiber selber (p. 280) fühlt den Zwiespalt, der zwischen der anscheinend segnenden oder schützenden Handbewegung und dem Alexandercharakter besteht und möchte daher die Handbewegung eher als den Gestus der *allocutio* fassen. Aber dann liegt es doch näher, an einen römischen Kaiser, etwa an Elagabal unter der Gestalt des Helios zu denken. Denn so allgemein war die Auffassung des Alexander als Helios in römischer Zeit in keinem Fall, dass man allein schon an den Strahlen ihn erkannt hätte. – Überhaupt sollte man denken, wenn Alexander als Helios dargestellt wurde, so geschah dies in einer bestimmten typischen Form, nicht das eine mal gepanzert, das andere mal nackt, ein drittes mal vielleicht im Chiton, wie z. B. die behelmte Bronzefigur im Pal. Crocetta zu Florenz, die man nach den sieben Strahlen ebensogut für Alexander erklären könnte wie die im Louvre.

Indes es wäre immerhin möglich, dass sich unter den kleinen Bronzen, wo uns der Strahlenkranz so häufig begegnet, in der Tat

[1] S. Schreiber Stud. p. 140.
[2] Ibid. p. 71. Anm. 12.
[3] Bull. d. Inst. 1880 p. 237.

Fig. 16. Kopf in Boston

sichere Alexanderfiguren mit dem Attribut des Sonnengottes fänden. Mit unseren Ausführungen soll bloss gezeigt werden, dass die herkömmliche Auffassung des capitolinischen Kopfes als Alexander-Helios noch keineswegs festgestellt ist. Wenn sich wirklich ein solcher in unserem Denkmälervorrat nachweisen lässt, so könnten wir uns auch dazu verstehen, die fraglichen Löcher in diesem Sinne zu deuten.

Repliken. — Das Problem, das der Ikonographie in dem capitolinischen Kopf gestellt ist, wird noch dadurch eigentümlich compliciert, dass seit einigen Jahren eine Replik bekannt geworden ist, die ihrer Arbeit nach älter und besser (?) zu sein scheint als jene, bei der aber die individuellen Züge, welche die capitolinische zum Porträt stempeln, sozusagen gänzlich fehlen, nämlich der angeblich bei Ptolemais Hermiu in Oberägypten gefundene, nach Boston gekommene Colossalkopf (abgeb. Fig. 16 u. 17).[1] Er ist um ein Weniges jugendlicher gehalten, ohne Bartflaum, dabei mehr aufwärts gerichtet und mehr nach links geneigt, was ihm einen schwermütigen, leidenden, schon an den sog. sterbenden Alexander anklingenden Ausdruck giebt. Aber dass er auf das gleiche Original zurückgeht wie der capitolinische, lässt sich unmöglich verkennen[2]: Augen, Stirn und Lockenansatz wie die einzelnen Locken selber entsprechen sich voll-

[1] Nach Arndt-Bruckm. Portr. 481, 482; Helbig in den Monum. Lincei VI. 1895. tav. 1—3, p. 73ff.; Ujfalvy p. 35; Sal. Reinach in der Gaz. d. beaux-arts. 1902. 1. zu p. 158.

[2] Wie von Ujfalvy p. 98 geschieht: *Nous nous refusons absolument à partager l'opinion de Ms. Wulff, d'après laquelle la tête de Boston serait une réplique de celle du Capitole.* — Auch Sal. Reinach (Recueil de têtes antiques idéales. 1893) will ihn nicht als Replik anerkennen.

kommen. Die Nase ist zu zwei Dritteilen abgeschlagen und die Haare sind vielfach verstossen, die Oberfläche mit Säuren gereinigt. Helbig[1] bezeichnet den Kopf als Büste wegen des hinten noch sichtbaren Randes und weil die untere Fläche concav. Es wäre aber eine seltene Büstenform (bloss Hals und Teil der linken Schulter), deren Vorkommen noch durch keine überzeugenden Beispiele begründet ist. Furtwängler meint, wie mir scheint nicht mit Unrecht,[2] der Rand werde vielmehr den Einsatz auf eine Gewandstatue gebildet haben; ebenso Arndt zu den Porträts 481.[3] Ohne Autopsie ist keine Entscheidung möglich.

Fig. 17. Vorderansicht des vorigen

Es liegen also zwei Variationen desselben Typus vor, eine rein ideale, deren Objekt dem Mythos oder den religiösen Vorstellungen anzugehören scheint, und eine mehr oder weniger porträthafte, die man als Darstellung einer menschlichen Persönlichkeit, des Alexander, wie wir gesehen haben, fassen muss. Wie hat man sich diese doppelte Behandlung zu erklären? — Die Vertreter der Helioshypothese werden sagen, dass der Bostoner Kopf nun eben jenen Heliostypus repraesentiere, der später zur Darstellung Alexanders als eines Gottes verwendet wurde. Allein derselbe entspricht eigentlich den uns bekannten Heliostypen noch weniger als der capitolinische.[4] Die

[1] A. a. O. p. 73.

[2] Berliner philol. Wochenschr. 1896. Sp. 1517.

[3] Vgl. Schreiber Stud. p. 73. Anm. 16.

[4] Über Heliosdarstellungen s. Roscher Lexicon I. p. 2091 ff. — Aus griechischer Zeit sind von sicheren Originalwerken nur Vasenbilder, Münzen und etwa die Metope von Ilion (abgeb. Arch. Ztg. 1872. Taf. 64; Brunn-Bruckmann Denkm. 162; Collignon Hist. de la sculpt. gr. II. p. 395) erhalten. Denn der Hillern'sche Kopf in Berlin mit seinen 15 Löchern im Haar (abgeb. Gräf Strena Helb. p. 99 ff.)

Neigung und der melancholische Ausdruck, die ihn von diesem unterscheiden, sind keine Charakterzüge des Helios. Und die dort noch möglicherweise auf eine Strahlenkrone deutenden Löcher in der Binde fehlen hier gänzlich. Sollte vielleicht eine andere Gottheit als Helios gemeint sein, die dann auch bei der capitolinischen Büste an Stelle desselben gesetzt werden müsste? Aber welche? Doch weder Ammon noch Herakles noch auch der Indienfahrer Dionysos,[1] bei welch letzterem die breite Binde sicher nicht fehlen würde. Oder ist auch hier keine Gottheit, sondern Alexander selber dargestellt, bloss durch sein Löwenhaar und seine Haltung charakterisiert?

Helbig, der die kunsthistorischen Beziehungen der Köpfe in eingehender Weise bespricht, geht ziemlich leicht über ihre typischen Unterschiede hinweg, ohne die damit verbundene Schwierigkeit zu

scheint trotz dem rhodischen Fundort ein zweifelhafter Helios zu sein. Wenn dies der Typus des rhodischen Sonnengottes, so wäre schon zum Voraus die Deutung des ungefähr gleichzeitigen capitolinischen Kopfes auf Helios ausgeschlossen (vgl. Waldhauer p. 73). – Aber die römischen Darstellungen gehen ja ohne Zweifel auch auf griechische Vorbilder zurück und zeigen in der Tat, wenigstens im Charakter der Haare, eine Verwandtschaft mit unserem Kopf. Ein sicherer Helios, nach den Sonnenrossen zu seinen Füssen, ist die Statue im Louvre, Cat. somm. 74 (abgeb. Monum. Borghes. 21. 1; Bouillon III. stat. pl. 3) mit zwei symmetrisch aufsteigenden Stirnlocken und sieben Strahlen, deren Einsatzlöcher nach Visconti (Mon. Borgh. p. 150f.) antik, nach Schreiber (Stud. p. 70. Anm. 10) modern. Sie ist bekleidet mit einem gegürtetem Chiton und einer Chlamys. — Dann die Büste auf einem kleinen Viergespann im Pal. Lazzeroni zu Rom (abgeb. Einzelaufn. 1172) und die des Kunsthändlers Capponi ebenda (abgeb. Einzelaufn. 811; Schreiber Stud. p. 161), beide mit den Einsatzlöchern von sieben Strahlen; die letztere allerdings als Alexander-Helios (Schreiber) oder als Herrscher unter der Gestalt eines Sonnengottes (Amelung) gefasst, was ich den leeren Gesichtszügen nach nicht für richtig halte. – Wahrscheinlich auch Helios die Statue in Berlin n. 177 (abgeb. Gerhard Arch. Zeitg. 1861. Taf. 145), ohne Strahlenkranz, aber mit dem Rest einer bezüglichen Inschrift. Die Locken strahlenförmig nach allen Seiten auseinandergehend. Mit Chlamys. – Besonders verwandt mit dem capitolinischen ist der 1861 im Metroon von Ostia gefundene Kopf im Lateran, Bend. u. Sch. n. 547 (abgeb. Monum. d. Inst. VIII. 60. 4 und danach Baumeister Denkm. I. p. 226, wo der Fund ins J. 1867 gesetzt wird. Vgl. Helbig Führer I². n. 717), mit strahlenförmig emporwallendem Haupthaar, der Hals nach links ausgebeugt. Er wird wegen der nachträglich hinzugekommenen phrygischen Mütze, in deren Rand sieben Löcher, als Attis bezeichnet, zeigt aber im Übrigen durchaus den charakteristischen Heliostypus. Die Beschreibung des Lateran-Katalogs („unter der phrygischen Mütze fallen die wallenden Locken vor") scheint nicht ganz zu stimmen.

[1] Diog. La. 6. 63; Luc. Dial. mort. 14. princ et extr. Vgl. Niese Zur Würdigung Alexanders, in der Hist. Ztschr. N. F. 43. 1897. p. 14.

relevieren. Die beiden Köpfe, argumentiert er, sind Repliken eines Originals; der capitolinische ist nach den Löchern in der Binde Helios, nach den Porträtzügen Alexander, also Alexander als Helios; bei dem Bostoner Kopf fehlen die Löcher, daher kann es nicht Helios sein, aber er ist gegenständlich identisch mit dem capitolinischen, also Alexander. Dabei fragt man sich nur, wie kommt es, dass der Helioscharakter und die Bildniszüge Alexanders erst bei dem späteren Kopf (Capitol) zu Tage treten, während der ältere (Boston) in seinem Typus weder als Helios noch als Alexander charakterisiert ist? Könnte man nicht ebensogut argumentieren: Der Bostoner Kopf ist kein Porträt, kann also nicht Alexander darstellen; folglich täuschen wir uns, wenn wir in der capitolinischen Replik ein Porträt des Alexander erkennen? Aber ich gestehe allerdings, dass wenn wir vor die Alternative gestellt sind, entweder beide für Porträts oder beide für göttliche Wesen zu nehmen, ich dem Ersteren den Vorzug gebe. Ich glaube daran festhalten zu müssen, dass der capitolinische Kopf kein reiner Idealtypus ist, sondern den vergötterten Alexander darstellt. Und dies wird auch bei dem voraussetzlichen Original der beiden Köpfe, das am Ende des 4. oder am Anfang des 3. Jahrhunderts entstanden, der Fall gewesen sein. Ein ägyptischer Künstler mag dann im Bostoner Kopf die Porträtzüge zur Unkenntlichkeit idealisiert haben, während der spätere römische Copist dieselben beibehielt. Denn dass das zeitliche Verhältnis der beiden Repliken, wie Schreiber annimmt, das umgekehrte, halte ich, wenn nicht für unmöglich, doch für höchst unwahrscheinlich.[1]

All dieser Schwierigkeiten wären wir enthoben, wenn diejenigen Recht hätten, die den Bostoner Kopf für modern erklären. Nach Amelungs mündlicher Mitteilung tut dies namentlich ganz entschieden Fr. Hauser, und zwar auf Grund der Autopsie des Originals. Unabhändig von ihm sprach auch schon Furtwängler (in dem Aufsatz über Chatsworth, Journ. of hell. stud. 21) Zweifel aus, die dann von Waldhauer p. 80 näher ausgeführt werden. Andere (Helbig, Barracco) sind eben so fest der gegenteiligen Ansicht. Wer bloss auf die Photographie angewiesen ist, wird natürlich mit seinem Urteil zurückhalten müssen. Ein Merkmal der Unechtheit

[1] Der capitolinische Kopf (mit Strahlenkranz und Wangenbart), meint Schreiber (Strena p. 285; Stud. p. 73) sei die reichere Vorlage, der Bostoner eine spätere Vereinfachung. Noch weniger will mir einleuchten, was Schreiber über den angeblich missverstandenen Wangenbart des letzteren sagt.

kann ich einstweilen daraus nicht entnehmen.[1] Auch setzt diese Lösung nur ein neues Rätsel an die Stelle eines anderen. Denn was kann einen modernen Künstler veranlasst haben, eine derartige idealisierte Wiederholung des capitolinischen Kopfes zu schaffen?

Ausser dem Bostoner Kopf führt Schreiber[2] noch zwei andere als Repliken des capitolinischen auf, einen ang. in Holkham Hall und einen im Museum von Philippeville. Der Holkhamer ist nur noch in einer Photographie nachweisbar[3] und könnte leicht eine moderne Copie sein; er stimmt bis in alle Einzelheiten mit dem capitolinischen überein. Das kleine Philippeviller Köpfchen aber scheint mir der Abbildung nach (bei Gsell Mus. de Philippev. p. 7. 3) keine Replik zu sein, und ich muss es für fraglich halten, ob es überhaupt in einer künstlerischen Abhängigkeit vom capitolinischen Typus steht. Keine einzige Locke weist darauf hin; die Haare sind auch gar nicht so lang, die pathetische Bewegung viel schwächer. Gsell spricht m. E. ganz richtig nur von einem *adolescent*.

Das statuarische Motiv. — Über das Körpermotiv des dem capitolinischen Kopf zu Grunde liegenden Originals, wenn dieses denn eine Statue war, sind verschiedene Vermutungen aufgestellt worden, von denen indes keine überzeugend. O. Müller[4] wollte den Kopf wegen des „strahlenförmig wallenden" Haupthaars mit der von Libanios beschriebenen Reiterstatue in Alexandria (s. p. 14 unten) in Verbindung bringen. Aber als strahlenförmig wallend kann das Haar des capitolinischen Kopfes doch eigentlich nicht bezeichnet werden.[5] Auch wird die Reiterstatue wohl bepanzert oder bekleidet gewesen sein, während hier nach der ganzen Auffassung eher heroische Nacktheit und nach der Bewegung des Kopfes eine schreitende Stellung vorauszusetzen ist. — Furtwängler[6] dachte an den lysippischen Alexander mit der Lanze, und es ist nicht zu läugnen, dass die den Darstellungen des Lysippos eigenen Züge, namentlich die Vereinigung des Löwenhaften und Schwärmerischen, uns hier in einem überraschend harmonischen Bilde entgegentreten. Aber genauer lässt sich die Annahme nicht begrün-

[1] Ähnlich Arndt zu den Portr. n. 481; Sal. Reinach Gaz. d. beaux-arts. 1902. 1 p. 156. Anm. 3.

[2] Stud. p. 68 ff.

[3] Wiedergegeben bei Schreiber p. 72.

[4] Hdb. der Arch. § 129. 4.

[5] Vgl. Schreiber Stud. p. 127. 6.

[6] In der Berl. philol. Wochenschrift 1896. p. 1517 f.

den und stilistisch ist sie sogar mit Schwierigkeiten verbunden, weil das in dem Kopfe sich äussernde Pathos schon mehr auf die hellenistische Zeit weist. In beiden Fällen (Reiterstatue und Alexander mit Lanze) wäre übrigens das Motiv nur ganz im Allgemeinen gekennzeichnet, da es im Einzelnen sehr verschieden dargestellt sein konnte. Eine genaue und bestimmte Anschauung dagegen wäre uns geboten, wenn sich eine dritte Hypothese bewahrheiten würde, diejenige Schreibers, dass uns in der kleinen Bronze des sog. Apollo im brit. Museum (abg. unten Fig. 36)[1] eine vollständige Wiederholung des im capitolinischen Kopfe nur bruchstückweise vorliegenden Typus erhalten sei. Die Aehnlichkeit der Kopfhaltung und der Haaranlage lassen diese Vermutung auf den ersten Blick nicht unbegründet erscheinen. Aber je genauer man zusieht und je länger man vergleicht, desto weniger hält der Eindruck Stand. Nicht nur kleine, vielleicht belanglose Unterschiede, wie der Mangel des Wangenbartes, die sanftere Ausbeugung des Halses machen sich geltend, sondern auch sehr wesentliche, wie das kürzere, strammer gelockte Haupthaar und die dem Alexander sonst fremde Fülle der Gesichtsformen. Der ganze Typus erscheint für ihn zu weichlich, eine Abhängigkeit vom gleichen Original ist in keinem Zuge bemerkbar. Selbst die Ähnlichkeit mit der über der Stirn emporgeworfenen Einzellocke, die Schreiber als besonders charakteristisch hervorhebt, erscheint als zufällig, weil sie nicht durch die Anlage der übrigen Locken bestätigt oder unterstützt wird. Das Körpermotiv aber hat trotz der Schrittstellung mehr den Charakter einer hohen göttlichen Ruhe als einer ungestümen Bewegung wie sie zum capitolinischen Kopfe passen würde. Das des letzteren muss machtvoller, energischer, leidenschaftlicher gewesen sein, und die Nachbildner werden es nicht zur Ruhe herabgestimmt haben. — Ich kann daher in der Bronze weder die gleiche Person wie im capitolinischen Kopf, noch überhaupt Alexander erkennen.

Nicht in der Haltung, wohl aber im Typus reiht sich dem capitolinischen Kopf der früher wenig beachtete, erst von Schreiber[2] zu Ehren gezogene Torso Campana im Louvre an, Gall. Mollien 2316 (abgeb. Fig. 18),[3] eine nackte überlebensgrosse Halbfigur, an der

[1] Stud. Tf. XI. 2. R. 1.
[2] Stud. p. 77f.
[3] D'Escamps Coll. Camp. pl. 50.

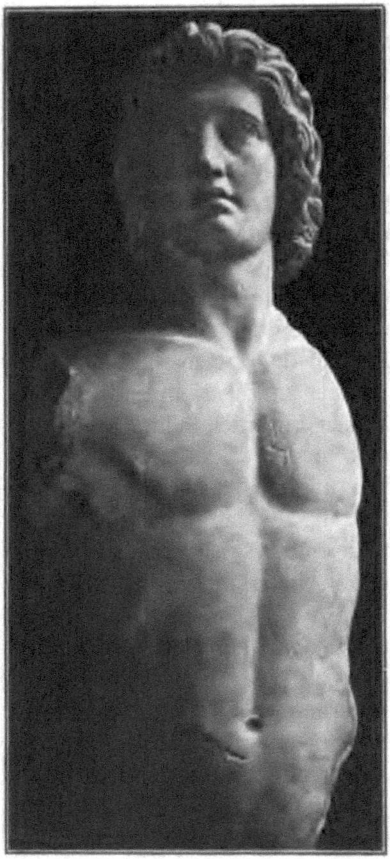

Fig. 18
Torso Campana im Louvre

Arme und Beine fehlen. Der ungebrochene Kopf zeigt ideale Gesichtsformen, in denen Porträtspuren vielleicht nicht absolut zu läugnen, doch schwer zu entdecken sind. Allerdings sind Nase, Lippen und Kinn ergänzt. Er ist ein wenig nach rechts gewandt, das Gesicht von einem Lockenkranz umrahmt, der über der Stirn in ähnliche Partieen gegliedert ist wie beim capitolinischen; dahinter drei Löcher zur Befestigung einer metallenen Beigabe, die wieder auf eine Strahlenkrone gedeutet werden. Die naturalistische Durchbildung der mächtigen Formen verrät, wie Schreiber meint, den reiferen Stil der nachlysippischen Kunst, deren bedeutendster Repräsentant Chares. Vom capitolinischen unterscheidet er sich, abgesehen von der umgekehrten Kopfrichtung, durch eine strammere, weniger ausgebeugte Haltung, durch ruhiger herabwallendes Haar und überhaupt durch ein gemässigteres Pathos. Aber, die eigentlichen Repliken ausgenommen, ist es derjenige Kopf, der ihm typisch am nächsten steht, näher als das nur in der Haltung übereinstimmende Köpfchen der Londoner Bronze. Und wenn es auch schwer sein möchte, einen einzelnen Zug zu nennen, der beiden gemeinsam, so bekommt man doch den Eindruck, dass ein künstlerischer Zusammenhang zwischen ihnen besteht, mit dem fast notwendig auch eine gegenständliche Verwandtschaft verbunden sein muss.

Wir ständen also wieder vor einem ähnlichen Problem wie schon beim Bostoner Kopf, nur dass es sich diesmal nicht um zwei

Repliken, sondern bloss um zwei stil- und formverwandte Typen handelt, von denen der eine eine Gottheit darzustellen scheint, der andere ein idealisiertes Porträt. Aus diesem Sachverhalt und der obigen Stilbestimmung construiert sich Schreiber die Hypothese, wir hätten es beide mal mit Werken des Chares zu thun, das eine mal (Torso Campana) mit einer Nachbildung seines Helioscolosses, das andere mal (capit. Kopf) mit einem von demselben Künstler unter der Gestalt des Helios vergötterten Alexander. Nun halte ich zwar das Hereinziehen des Chares in die Frage für sehr gewagt, weil es noch keineswegs erwiesen ist, dass derselbe auch einen Alexander gebildet, und weil die bei Plinius erwähnte Statue des Chaereas,[1] der mit ihm identisch sein soll, höchst wahrscheinlich ein einfaches Porträt war, das Pendant zur Statue seines Vaters Philipp, nicht eine hoch pathetische Darstellung wie das Original des capitolinischen Kopfes. Da ich aber keine bessere Erklärung des Verwandtschaftsverhältnisses der betreffenden Denkmäler als die auch der Schreiber'schen zu Grunde liegende von Helios und Alexander vorzuschlagen habe, so mag diese bis auf Weiteres als Möglichkeit ihre Geltung behalten. — Dass uns das vollständige Körpermotiv des Torso in der mit dem Kopf aufwärts gerichteten und den rechten Arm zum Kopf erhebenden Berliner Bronze (abgeb. Schreiber Stud. Taf. XI. 2) erhalten sei, scheint mir eine ganz ungerechtfertigte Annahme (s. unten: Alexander in ganzer Figur).

Wenn die Ausbeugung des Halses, wie wir sie bald stärker bald schwächer bei den bisher aufgeführten pathetischen Köpfen getroffen haben, ein sicheres Kennzeichen der Alexanderbedeutung wäre, so hätte keiner ein grösseres Recht auf den Namen als der in der Sammlung Barracco (abgeb. Fig. 19 u. 20),[2] wo sie in besonderer Auffälligkeit zu Tage tritt: bloss Kopf und Hals, aber diese wohlerhalten und ungebrochen. Das von der supponierten Binde an fehlende Scheitel- oder Wirbelstück scheint nie vorhanden gewesen zu sein. Der Hals ist schlanker als beim capitolinischen und nach links ausgebeugt, der Kopf leicht aufwärts gerichtet, das Stirnhaar in der Mitte geteilt und in zwei symmetrisch aufstrebenden Locken auseinandergehend, die Stirn vollkommen frei lassend. Die

[1] *Chaereas Alexandrum Magnum et Philippum patrem ejus fecit.* Plin. 34. 75.
[2] Köpp Alexanderbildnis p. 25; Helbig Coll. Barr. pl. 57, 57a; Derselbe Mon. Lincei VI. 1895 tav. 3; Arndt-Bruckmann Portr. 477, 478.

Fig. 19. Kopf in der Sammlung Barracco

Nase steht verhältnismässig weit vor und setzt mit auffallend kleinen Flügeln an den Wangen an. In den Augen und an der Oberlippe, sowie in der mittleren Gesichtslinie ist eine leise Asymmetrie bemerkbar. Die meisten Erklärer (Helbig, Furtwängler, Schreiber) nehmen den Kopf des aufstrebenden Stirnhaars und der Halsstreckung wegen für Alexander und wollen sogar eine allgemeine Ähnlichkeit mit der Azaraherme erkennen; auch die Asymmetrie wird von Helbig für diese Deutung verwertet. Allein in Wahrheit ist die Porträthaftigkeit grade so zweifelhaft wie beim Torso Campana und hat die Haaranlage nicht den bei Porträts üblichen mehr oder weniger zufälligen, sondern einen bestimmt conventionellen symmetrischen Charakter, für welchen genaue Analogieen eher wieder bei Helios oder bei den Dioskuren zu finden wären als in der menschlichen Sphäre.[1] Die Asymmetrie aber ist wahrscheinlich gar nicht als eine Eigenschaft des Dargestellten und als vom Künstler beabsichtigt anzusehen. Wäre sie das, so müsste es eine ganz bestimmte für Alexander bezeichnende und in dieser Weise auch sonst bei ihm vorkommende sein, nicht eine allgemeine, die bei jedem Alexanderkopf wieder verschieden. Ich halte es auch für unwahrscheinlich, dass die „Halsstreckung" auf die überlieferte Gewohnheit des Königs zurückzuführen sei. Der Kopf ist nur der Teil einer bewegten Statue und es hindert nichts, die Ausbeugung des Halses als die diesem Be-

[1] Für Helios vgl. die rhodischen Münzen bei Baumeister Denkm. II. p. 946. -- Bei Apollo, auf welchen Köpp den Kopf deuten möchte, kommt die Haartracht nicht vor. Helbig Mon. Lincei p. 80f. meint, der Kopf sei weniger ideal als der capitolinische; mir scheint das Umgekehrte der Fall zu sein.

Fig. 20. Profil des vorigen

wegungsmotiv entsprechende Haltung zu fassen. Ich verweise z. B. auf die Figur des emporsteigenden Helios auf der Metope von Ilion (abgeb. Collignon sc. gr. II. p. 305), welche genau dieselbe Haltung zeigt. Bei einem Helios würde sich der Mangel des Wirbelstücks dadurch erklären, dass ehmals hier wie auf der Metope eine den Gott bezeichnende Strahlenkrone angebracht war. Sollten die angegebenen Momente trotz dem fehlenden Porträtcharakter dennoch für Alexander entscheiden, so müsste hier noch mehr als beim capitolinischen Kopf eine vergöttlichte Auffassung angenommen werden, der symmetrischen Stirnlocken wegen allerdings wohl die eines Alexander-Helios. Der Zeit nach würde er, weil im Ausdruck weniger pathetisch, dem capitolinischen vorangehen.[1] Aber der Typus sowohl als der Grad der Idealität scheinen mir gleichermassen gegen Alexander zu sprechen.

Wieder die umgekehrte Haltung (die des capitolinischen) zeigt ein Kopf in Kopenhagen, Glypt. Ny-Carlsberg n. 342 (abgeb. Fig. 21 und 22),[2] der dem vorigen im Ausdruck verwandt ist, aber in der Anlage der Locken von ihm und von allen anderen Bildnissen abweicht. Die Haare sind nur bis zu der Stelle, wo das Diadem zu laufen pflegt, ausgearbeitet. Über der Stirn sind sie leicht gesträubt und durcheinander geworfen (sehr verstümmelt). Hinten schlängeln sie sich abwärts, zwar auch lang, aber weniger gelockt, in fast parallel

[1] Nach Schreiber die „Vorstufe" desselben. Stud. Cap. VII.
[2] Arndt-Bruckmann Portr. 471, 472.

Fig. 21. Kopf in Kopenhagen

laufenden welligen Strängen;[1] vor den Ohren tritt je ein Löckchen in die Wangen. Dass der roh gelassene und zum Teil abgesplitterte Oberkopf ehmals mit einem Marmorhelm bedeckt war (Arndt), scheint mir nicht ausgemacht. Kopf und Helm sind sonst gewöhnlich aus einem Stück, und hier der Lockenkranz wohl zu breit für einen drüber gesetzten Helm. Das Dübelloch auf demselben ist kein genügender Grund für eine solche Annahme. Indessen ist es allerdings schwer, den unausgearbeiteten Zustand des Wirbels anders zu erklären. Vielleicht liegt ein ähnlicher Grund vor wie bei den Köpfen im brit. Museum und im Capitol, die sicher niemals behelmt waren. — Die Deutung auf Alexander ist unsicher. In der Vorderansicht erinnert die Physiognomie stark an den Kopf Barracco (p. 78), was

Fig 23. Kopf von Pergamon in Constantinopel

[1] Zu vergleichen etwa der Kopf der etruskischen Münchener Statuette (s. die Abb. bei Arndt-Bruck. Portr. 189).

Fig. 22. Vorderansicht von Fig. 21

indes noch kein positiver Empfehlungsgrund. Das Haar hat keinen speziell auf Alexander weisenden Charakter. Die etwas glotzigen Augen fallen möglicherweise dem Kopisten zur Last. Schreiber[1] führt ihn unter den falschen Alexanderbildnissen auf.[2]

Noch zweifelhafter m. E. ist der Kopf von Pergamon in Constantinopel (abgeb. Fig. 23 und 24)[3], der 1899 im Schutt des Marktbaus gefunden wurde; überlebensgross, wohlerhalten und von vortrefflicher Arbeit, offenbar eine Schöpfung der am Fundort blühenden Künstlerschule. Stirnhaar und Ausdruck und die dem capitolinischen verwandte Haltung haben bei ihm an

Fig. 24. Vorderansicht von Fig. 23

[1] Stud. p. 96.

[2] Waldhauers Zuweisung an die lysippische Schule, speziell an den Künstler Chares von Rhodos, der skopasische Elemente mit lysippischen Schultraditionen vermengt habe (Über einige Portr. Alexanders p. 88f.), lasse ich auf sich beruhen.

[3] Ant. Denkm. II. Taf. 48 u. p. 10 von drei Seiten; Ujfalvy pl. 22 u. p. 73, 76, 78.

Alexander denken lassen; doch liegt grade in der Anlage und im Charakter des Haares zugleich ein Hauptgrund gegen ihn. Dasselbe ist nur halblang und wenig gelockt, und auch die Art, wie dasselbe über der Stirn in einem mittleren Büschel nach oben und dann in einem linken und rechten seitwärts gerichtet ist, entspricht im Einzelnen seinen Bildnissen nicht. Auch Conze, der, obwohl zögernd, für Alexander eintritt, weiss kein spezielles Merkmal für ihn anzuführen, sondern beruft sich wesentlich nur auf den allgemeinen Eindruck und die Unmöglichkeit einer besseren Deutung: „Kein überliefertes Alexanderporträt, sondern eine Idealisierung desselben aus pergamenischer Zeit".[1] Wenn ich ebenfalls nach dem allgemeinen Eindruck urteilen soll, so muss ich bekennen, mich in demselben Grade auf die negative Seite zu neigen, wie Conze auf die positive. Die stark durchfurchte Stirn, der Mangel der Löwenmähne, kurz die typische Verschiedenheit von allen einigermassen gesicherten Bildnissen scheinen mir gegen Alexander zu sprechen. Ich möchte eher eine Griechenfigur aus den pergamenischen Gallierkämpfen vermuten.[2]

Vielleicht verwandt der Kopf in Margam, Wales, Anc. Marb. in Gr. Brit. p. 521. 14 (abgeb. Mon. Matth. II. tav. 35. 1), der Michaelis an den sterbenden Alexander erinnert, nur dass seine Züge mehr Zorn als Schmerz ausdrücken. Er hat zusammenlaufende Brauen und wirr durcheinander geworfenes Haar, das aber zu kurz für Alexander. Nach Michaelis wahrscheinlich rhodische Schule.

Behelmte Köpfe.

Zu der pathetischen Gruppe gehören endlich noch ein paar Denkmäler, bei denen die Beziehung auf Alexander nicht bloss durch die Haltung, sondern ausserdem durch die Beigabe eines Helmes nahe gelegt ist.

[1] Ähnlich Köpp in der Rezension v. Schreiber Neue Jahrbb. f. d. class. Alt. 1904. p. 168.

[2] *Il représente assez bien l'outrance de l'art pergamenien.* Ridder. – Für Alexander sind auch Sal. Reinach (Gaz. des beaux-arts. 1902. p. 155) u. Waldhauer (Über einige Porträts Alexanders p. 67ff.) während Schreiber (Stud. p. 85f.) die Deutung verwirft. Reinach möchte den Kopf der Schule des Leochares zuschreiben, Waldhauer der des Lysippos oder vielmehr dem Lysippos selbst („Das treueste der uns erhaltenen Alexanderporträts"). Doch gestehe ich, der subjectiven und sprunghaften Formenanalyse, auf welche Waldhauer seine Rückführung gründet, unmöglich haben folgen zu können.

Fig. 25. Statuette von Gabii im Louvre

So vor Allem die c. halblebensgrosse Marmorstatuette von Gabii im Louvre, Descr. 474, Cat. somm. 2301 (abgeb. Fig. 25).[1] Sie steht nackt auf linkem Standbein, dem ein Panzertronk als Stütze beigegeben ist. Arme und Teil der Unterbeine neu (Descr.).[2] Der aufgesetzte, aber wie es scheint zugehörige Kopf langgelockt mit aufstrebendem Stirnhaar, der Hals nach links ausgebeugt, der Kopf pathetisch rechts aufwärts gerichtet; am Helm der Reliefschmuck von geflügelten Hippokampen. Der rechte Arm ist wegen eines Puntello's am Schenkel abwärts gestreckt restauriert; doch liegt wohl kein absoluter Zwang für diese Ergänzung vor.[3] An sich würde man der Contraposts halber eher einen aufwärts gebogenen Unterarm mit der Lanze erwartet haben. Die Züge des Gesichts scheinen nicht auf Ares oder einen mythischen Heros sondern auf eine Person des wirklichen Lebens zu deuten, und man ist mit Rücksicht auf Helm, Lockenhaar und Haltung des Kopfes wohl berechtigt, an Alexander zu denken.[4] Die schlanken Proportionen weisen auf Lysipp und seine Schule, vielleicht auf den „Alexander mit der Lanze" (s. unten: Beziehungen auf überlieferte Denkmäler).

Mehr zurückgeworfen in der Art des „sterbenden Alexander", mit klagend emporgerichtetem Blick, doch ohne die zur Nasenwurzel emporgezogenen Brauen des letzteren, erscheinen zwei behelmte Colossalköpfe in Madrid und im Louvre.

Der Madrider, auf nackter moderner Büste, ist mit der Sammlung der Königin Christine von Schweden nach San Ildefonso und von da ins Museo del Prado gekommen, Hübner n. 188 (abgeb. Fig. 26).[5] Er ist von einem anschliessenden Helm bedeckt, dessen (ergänzter) Stirnbügel in Folge der zurückgeworfenen Kopfhaltung fast senkrecht aufsteigt. Das leicht aufstrebende Stirnhaar läuft von der rechten Schläfe quer nach links; der Gesichtstypus ist ziemlich ideal. Arndt meint eine Übertragung des Typus Capitol-Boston in den pergamenischen Stil. Nase und Mitte der Nasenlippe neu. —

[1] Overb. Plast. II⁴. p. 148; Schreiber Stud. Taf. VII, vgl. p. 111 u. 287.

[2] Nach Schreiber p. 112. Anm. 3 ist der am l. Unterarm anliegende Teil des Schwertes alt.

[3] Wie Schreiber meint p. 112. Anm. 2.

[4] Wie Ares bei ungefähr gleichem Motiv (nackt behelmt) dargestellt wurde, kann z. B. die Bronze des brit. Museums n. 1077 (abgeb. Walters Cat. of the bronzes pl. 24) veranschaulichen: ohne alles Pathos.

[5] Arndt-Bruckmann 483, 484; vgl. Schreiber p. 90.

Fig. 26. Colossalkopf von Madrid

Der des Louvre stammt aus Villa Albani und ist einer heroischen Statue aufgesetzt, Descr. 684, Cat. somm. 46 (abgeb. Bouillon II, 21).[1] Die Anlage der Stirnhaare ist ähnlich wie beim capitolin. Kopf, aber manches an den Locken und am Profil ist ergänzt.[2]

Obgleich es sich bei diesen zwei Köpfen nicht um Repliken handelt, da sowohl die Helmform als der Wurf der Haare verschieden, und obgleich sie sich von dem der gabinischen Statuette durch den schmerzlichen Ausdruck unterscheiden, haben doch alle drei im Bewegungsmotiv etwas so praegnant Gemeinsames, dass man geneigt sein muss, in allen die gleiche Person zu vermuten und sie als Modificationen eines und desselben Urbildes zu fassen. Die beiden Köpfe wurden schon zu Winckelmanns Zeit auf Alexander bezogen. Doch ist die Sicherheit ihrer Namengebung wohl um einen Grad geringer als bei der später zu Tage gekommenen gabinischen Statuette, teils eben des noch nicht befriedigend erklärten Ausdrucks wegen, teils wegen der zweifelhaften Porträthaftigkeit ihrer Gesichtszüge. Arndt[3] meint, die Halswendung des Madrider Kopfs mache einen direkt krankhaften Eindruck, mit anderen Worten, sie deute auf den überlieferten schiefen Hals des Alexander. Ich bin nicht ganz dieser Meinung und würde, wenn ich denselben Eindruck hätte, mich zweimal fragen, ob es nicht Täuschung sei.

[1] Clarac pl. 264. 2101.

[2] Einen Kopf des gleichen Typus enthielt nach Schreiber (Stud. p. 90. Anm. 30) die ehmalige Samml. des Cardinals Pacca. - Der behelmte Kopf von der Haltung des „sterbenden Alexander“ in Turin, Dütschke IV. 164, ist modern.

[3] Zu den Portr. 483ff.

Eine solche Rücksichtsnahme auf körperliche Abnormitäten scheint mir mit der hier zu Tage tretenden Idealisierung absolut unverträglich. Richtig ist nur, dass eine ähnliche Haltung bei mutmasslichen Alexanderdarstellungen sehr häufig wiederkehrt und daher mit für ihre Deutung in die Wagschale fällt.

c. Auszuscheidende Bildnisse.

Wir haben schon im Bisherigen ein paar mal Anlass gehabt Denkmäler zu besprechen, die nicht nur von zweifelhafter Bedeutung sind, sondern die wir in der Tat nicht oder nicht mehr glauben auf der Liste der Alexanderdarstellungen belassen zu dürfen; wie gleich anfangs das Schreiber'sche Köpfchen von Alexandria und später den Kopf Barracco. Auch der Statue von Magnesia und dem Kopf von Pergamon haben wir nur eine verschwindende Berechtigung zuschreiben können. Diesen gesellt sich nun noch eine ziemlich lange Reihe von anderen, die ebenfalls aus unzureichenden Gründen auf Alexander bezogen wurden und die wir mit grösserer Bestimmtheit glauben ausscheiden zu müssen, darunter allerdings ein paar, die wegen Unzugänglichkeit vorerst bloss nach den Abbildungen beurteilt werden können. Da es mit Schwierigkeit verbunden ist, dieselben typisch zu gruppieren oder nach den verschiedenen, sich oft kreuzenden Merkmalen zu ordnen, die zu ihrer Deutung geführt haben, so beschränken wir uns darauf, die langgelockten Köpfe, die meist heliosartigen oder apollinischen Charakter haben, von denen mit kurzem Haar auseinander zu halten. Bei den langgelockten mögen wieder die unpathetischen den pathetischen vorangehen.

Langgelockte Köpfe.

Aufstrebendes Stirnhaar und lange Locken zeigt zunächst die Herme in Berlin, No. 305 (abgeb. Arndt-Bruckm. Portr. 190) mit der modernen Namensaufschrift Ἀλέξανδρος Φιλίππου. Sie ist im Wesentlichen aus einer blossen Gesichtsmaske zurecht gemacht, und nur des Fundorts (Alexandrien) und der Stirnlocken wegen Alexander genannt. Die Gesichtszüge, die kurze Stirn und die eckig ansetzenden Brauen bestätigen die Beziehung nicht, wie ich auch keine besondere Verwandtschaft mit der Azaraherme[1] erkennen kann.

[1] Schreiber Stud. p. 19. 3.

Ob die Büste im Museo Torlonia zu Rom (abgeb. Monum. Torlonia pl. 23. 91) ein besseres Recht auf den Namen hat, wird bis zu genauerer Prüfung der Ergänzungen ausgestellt bleiben müssen. Sie erinnert im Lockenwurf einigermassen an den capitolinischen Kopf, ist aber nur leicht nach rechts gewandt, des Pathos vollständig ermangelnd und von weichlichen, fetten Formen.

Die nackte Colossalstatue in Marbury Hall, Michaelis Anc. Marbl. p. 508. 17 (als Alexander abgeb. Clar. pl. 839. 2104) mit langen Locken und Kopfneigung zur rechten (nicht linken) Schulter, wird von Scharf als Helios bezeichnet, da die Haaranlage nicht die des Alexander. Eine genauere Untersuchung wäre immerhin auch hier wünschenswert.

In den Kreis des Alexander wird von Furtwängler ferner die Statue von Apt (Provence) in Chatsworth gezogen (abgeb. Journ. of hell. stud. XXI. 1901. pl. 14. Vgl. p. 217. 8).[1] Der schon im Altertum (erste Kaiserzeit) derselben aufgesetzte Kopf zeigt allerdings zwei über der Stirnmitte aufsteigende Locken, die Gesichtszüge aber haben römischen Charakter (Adlernase). Nach Furtwängler vielleicht das Porträt eines im Typus Alexanders aufgefassten gallischen Edelmanns, was Schreiber[2] mit Recht verwirft. Aber ebensowenig ein gallischer Alexandertypus, wie Schreiber durch die vermeintlichen Repliken aus Nismes im Louvre und aus Oberitalien (?) im Pal. Pitti zu Florenz (s. unten: Stehende Figuren) zu erweisen sucht. Diese Statuen mit dem regelmässig gescheitelten Haar haben m. E. mit der von Chatsworth und mit Alexander nichts zu tun.

Einfach gescheitelte Stirnbüschel hat auch der aus Aegypten stammende Kopf im Musée Guimet zu Paris, den Sal. Reinach in der Gaz. des beaux-arts 1902 p. 158 ohne Grund als Alexander publiciert hat.[3]

Dass wir den 1880 ins brit. Museum gekommenen Apollo?-kopf (abgeb. Köpp Bildn. Alex. p. 24) und den sog. Protesilaos im Vatican (abgeb. Röm. Mitt. 12. 1897 zu p. 36) nicht mit Waldhauer für Repliken der Magnesiastatue und nicht für Alexander ansehen, ist schon oben (p. 57f.) gesagt worden. Beide gehören deutlich dem Idealgebiet an, mögen sie nun eine Gottheit oder einen Heroen darstellen (Adonis nach Gräf Röm. Mitt. a. a. O.). – Auch bei dem ver-

[1] Clarac pl. 982 A. 2512 C.
[2] Stud. p. 285.
[3] Vgl. Schreiber Stud. p. 98.

Fig. 27. Sog. Inopos im Louvre

wandten Kopf in Venedig No. 252, Dütschke V. 316 (Phot. bei Arndt), der zwar vielleicht ein Porträt, hat Heydemann[1] mit Unrecht an Alexander gedacht. Das Haar ist über der Stirn, wie schon bei den zwei vorigen, in natürlicher Unordnung etwas nach links geweht; die Stirnbildung lysippisch.

Einen noch nicht grade stark erregten aber wenigstens einen stimmungsvollen Typus zeigt der sog. Inopos im Louvre, Cat. somm. 855 (abgeb. Fig. 27),[2] bekanntlich ein auf Delos gefundener Colossaltorso, bestehend aus Kopf und Teil des Oberkörpers (rechte Schulter und Brust). Der ungebrochene, aber verstümmelte Kopf rechtshin und leicht abwärts geneigt, von langen, nicht bewegten und, so viel die Verstümmelung erraten lässt, über der Stirn nicht eigentlich aufstrebenden Locken umrahmt, mit fast übermässig tief eingesenkten Augen. Da aus dem Erhaltenen keineswegs hervorgeht, dass das ursprüngliche Körpermotiv das eines hingelagerten Flussgottes, so ist die von Visconti herrührende Bezeichnung Inopos wenig wahrscheinlich. Fel. Ravaisson[3] glaubte statt dessen ein Bild Alexanders des Grossen darin zu erkennen, wofür die Anlage der Haare, die Spuren einer Binde (?) und die Neigung des Kopfes zu sprechen

[1] Mitteilungen aus Ober- und Mittelitalien p. 15.

[2] Gaz. archeol. 1886. 2. pl. 22. p. 186. Vgl. Schreiber Stud. p. 81.

[3] Rev. arch. N. S. 32. p. 328.

schienen. Sal. Reinach[1] fügte als weitere Empfehlungsgründe den lysippischen Stil *(l'ovale allongée de la tête, l'enfoncement des yeux, la forte saillie de la bosse frontale, le traitement à l'effet de la chevelure)*, den in den kleinen Augen sich bekundenden feuchten Blick und die Vorliebe Alexanders für das Heiligtum von Delos hinzu: Momente oder Gesichtspunkte, die auch Köpp[2] wenigstens zu einer bedingten Billigung der Deutung veranlassten. Allein dieselbe scheitert m. E. an dem vollkommen idealen Charakter des Typus, bei dem gar nichts auf ein Porträt deutet, um von der für Alexander wenig passenden, fast sentimentalen Weichheit des Ausdrucks zu schweigen. Auch scheinen die Haare zu lang und zu massig auf den Nacken zu fallen. – Eine Replik soll sich nach Schreiber im Museum von Avignon befinden.

Sehr ähnlich, doch im Gegensinn und etwas stärker geneigt ein zweiter auf Delos gefundener Colossalkopf (abgeb. Bull. de corr. hell. IX. 1885. pl. 17), der Homolle ebenfalls an Alexander erinnert: *Il y a ce je ne sais quoi d'alangui qui était la faute commune de toutes les représentations d'Alexandre.* Indes möchte er ihn nicht dem König selber, wohl aber einem die Gewohnheiten und Äusserlichkeiten desselben nachahmenden Diadochen zuschreiben. Mir scheint die Persönlichkeit wie die des Inopos dem Mythos anzugehören.

Eine bei Alexander nicht mehr erklärliche Steigerung des Pathos endlich finden wir bei zwei unter sich sehr verschiedenen, aber im Ausdruck des Schmerzes nahe verwandten Denkmälern, dem Terracottaköpfchen in München und dem sog. sterbenden Alexander in Florenz.

Die Alexanderbedeutung des Terracottaköpfchens im Münchner Antiquarium (abgeb. Köpp Alexanderbildnis p. 22),[3] die zuerst Lützow aufgestellt, hat nach zeitweilig schwankender Beurteilung neuerdings an Emerson[4] wieder einen hartnäckigen und überzeugten Verteidiger gefunden. Die individuellen Formen der etwas gebogenen Nase, des vortretenden Mundes und Kinns und des dicken

[1] Gaz. archeol. a. a. O. p. 187ff.

[2] Bildn. Alexanders p. 24.

[3] Lützow Münchner Antiken Taf. I.; in Originalgrösse, aber verkehrt, bei Emerson Americ. Journ. of arch. III. pl. 15 u. 16; schlecht bei Ujfalvy p. 123, 135, 143.

[4] A. a. O.

Halses geben demselben allerdings etwas Porträthaftes, und die pathetische Haltung, der aufwärts gerichtete Blick, das emporstehende Stirnhaar lenken den Gedanken unwillkürlich auf Alexander. Aber der physiognomische Eindruck, wie auch einzelne Formen wollen doch in keiner Weise stimmen. Die steile, nach oben fast auswärts gebogene Stirnlinie, die in spitzen Winkeln schmerzlich emporgezogenen Brauen kommen bei Alexander nirgends vor. Das struppige, schilfartige Haar ist mehr satyresk oder tritonenhaft als wie bei Alexander zeus- oder dioskurenartig, die feucht anklebenden Schläfen und Wangenbüschel weit entfernt von einer Löwenmähne. Ein Diadem aber bei diesem Kopfe zu statuieren, wie es Lützow und Emerson tun, müsste man Anstand nehmen, auch wenn der umlaufende Streifen, den man kaum vom Haare unterscheiden kann, deutlicher als solches charakterisiert wäre. Jedenfalls ist von Zweifellosigkeit der Bedeutung (Lützow, Emerson, Wulff, Ujfalvy) keine Rede. Brunn u. A. suchen die dargestellte Person wohl nicht mit Unrecht eher im Kreis der Meerdämonen[1]. — Es ist der Arbeit nach die kecke Originalskizze eines hellenistischen Bildhauers.

Fig. 28. Sog. sterbender Alexander in Florenz

Denselben Zug des Leidens in noch stärkerer Ausprägung zeigt die Büste des sog. sterbenden Alexanders in Florenz, Dütschke Ant. Bildw. in Oberit. III. 515 (abgeb. Fig. 28).[2] Der Kopf ist nach der rechten Schulter zurückgeworfen und stark aufwärts gerichtet, mit

[1] Vgl. die Zusammenstellung mit dem vaticanischen Triton bei Köpp p. 22 u. 23.

[2] Müller-Wieseler I. 39 No. 160; Baumeister Denkm. p. 42; Brunn-Bruckmann Denkm. Tf. 264; Collignon II. p. 435; Köpp Alex. d. Gr. p. 71; Ujfalvy p. 105. Vgl. Amelung Führer No. 151.

schmerzlich zusammengezogenen Brauen und klagend geöffnetem Munde. Hinter dem Lockenkranz läuft eine Rille durchs Haar. – Es ist nicht zu läugnen, dass in dem Bostoner Kopf (oben p. 71), wie auch in den behelmten Köpfen in Madrid und im Louvre (p. 84 f.) merkwürdige Übergänge und Zwischenstufen zwischen dem capitolinischen Alexander und dieser Büste vorhanden sind, und sehr natürlich, dass sowohl der Formencharakter als der Ausdruck, besonders aber Beides in seiner Vereinigung, den Gedanken an Alexander erweckten. Nur musste man sich fragen: Wo finden sich in seinem Leben Momente, die zu einer solchen Darstellung hätten Anlass geben können? Ein Schicksalsschlag allerdings hat den König nach seiner Rückkehr aus Indien getroffen, der schwer genug war, um bei seiner impulsiven Natur die gewaltigsten Schmerzensäusserungen hervorzurufen, der Tod des Hephaestion. Aber dass dieser Schmerz, wenn er sich anders wirklich so äusserte, dann auch zum Gegenstand künstlerischer Darstellung genommen wurde, ist so unwahrscheinlich als möglich. Der Schmerz war zu echt, als dass Alexander damit kokettierte. Selbst Schmeichler hatten keinen Grund, denselben zu verewigen; und die Darstellung hätte überhaupt nur Sinn gehabt, wenn zugleich die Ursache des Schmerzes zum Ausdruck kam. Ein Realist hätte die Totentrauer durch geschorenes Haupthaar andeuten können, da ja in der Tat von Alexander berichtet wird, er habe in dieser Beziehung das Beispiel seines Lieblingshelden Achilleus nachgeahmt.[1] Den Idealbildner mochten künstlerische Rücksichten davon abhalten; aber die Trauer um einen Toten hätte er doch sicher anders dargestellt. Das Motiv des Florentiner Kopfes, mag es mit Recht oder Unrecht als das eines Sterbenden bezeichnet werden, ist offenbar ein physisches, kein seelisches Leiden, keine Totentrauer, und hat daher nichts mit dem Hinschied des Hephaestion zu thun. Dass aber der Tod des Königs selber so dargestellt worden wäre, ist einfach unglaublich. – Da der ganze Ober- und Hinterkopf neu und der Gegenstand nach Massstab und Stil den Figuren des pergamenischen Gigantenfrieses entspricht, so wird jetzt meist angenommen, dass die Büste aus einem Fragment desselben zurecht gemacht sei, oder doch von einer ähnlichen Gruppe stamme: Ein Gigant, wie der von Athena besiegte, nur in den Seiten verkehrt.[2] – Schreiber fasst den Kopf als Rest einer alexandrinischen

[1] Arrian Anab. VII. 17, verglichen mit Hom. Ilias 23. 141.
[2] S. Blümner Arch. Ztg. 1880 p. 162; Köpp Bildn. Alex. p. 21.

Kämpfergruppe, deren Motiv noch in einer geringen Louvrebronze (abgeb. Jahrb. d. Inst. 16. 1801, p. 51)[1] aufbewahrt sei, woran wir vorderhand nicht recht glauben können. – Die Repliken in Metz[2] und in Hamilton Palace[3] sind von bestrittenem Altertum; die letztere von Porphyr wahrscheinlich identisch mit dem von Kreyssler 1729 in Poggio Imperiale gesehenen Kopf.[4] Eine sicher moderne von Granit befindet sich im Bargello zu Florenz.

Der auf Monte Citorio gefundene Statuenkopf in Petersburg No. 43 (eine kleine autotypische Abbildung in dem russisch geschriebenen Katalog von Kieseritzky 1901), der von Wieseler[5] wegen seiner pathetischen Haltung und den halbgeschlossenen Augenlidern mit dem sterbenden Alexander zusammengestellt wird, hat abgesehen von der umgekehrten Richtung kürzeres Haar und keine emporgezogenen Brauen. Er wird im Cat. von Lyde Browe als sterbender Hephaestion, von Helbig[6] einfach als Sterbender bezeichnet. Farnell[7] vergleicht ihn mit dem Kopf in Margam Abbey (oben p. 82), dessen Züge aber mehr Zorn als Leiden ausdrücken.

Auch noch grossgelocktes Haar, aber strammer gegliederte, fast krause Locken, wie sie nicht mehr für Alexander bezeichnend sind, zeigen die Köpfe in Blenheim, in V. Ludovisi und im Giardino della Pigna des Vaticans, von denen indes nur noch der erste Verfechter zählt.

Der Kopf in Blenheim Palace, Michaelis p. 213 (abgeb. Köpp Alexanderbildn. p. 27 u. Taf. III)[8], galt bis zu seiner Veröffentlichung durch Köpp allgemein für Alexander. Er ist auf eine antike, nicht zugehörige Panzerbüste gesetzt, die trotz der guten Arbeit wohl römisch. Das dichtgelockte ausladende Haar, das, rechts über der Stirn geteilt, ein wenig aufstrebt, aber nicht lang genug ist, um nach dem Gesetz der Schwere wieder herabzufallen, giebt dem Kopf eine rundliche Form. Etwas speziell Alexanderhaftes kann ich an demselben nicht erkennen; denn der Charakter ist von dem der Azaraherme sehr verschieden und hat bei Alexander nirgends Analogieen. Auch die Binde, obgleich breit, scheint ein zweifelhaftes Königsdiadem zu sein. Daher von Köpp, Kekulé,

[1] Vgl. Stud. p. 99.
[2] Jahrb. d. Inst. IV. Anz. p. 179.
[3] Michaelis Anc. Marb. p. 300. 3.
[4] Vgl. Dütschke a. a. O.
[5] In den Göttinger Nachrichten 1874 p. 564.
[6] Bull. 1867. p. 128.
[7] Im Journ. of hell. Stud. 9. 1888 p. 41.
[8] Ujfalvy p. 70.

Kalkmann und jetzt auch von Schreiber mit Recht als Alexander cassiert. Nur halte ich es nicht für ausgemacht, dass es ein reiner Idealkopf oder gar, dass es, wie Schreiber meint (p. 89), die gleiche Person wie der Jünglingskopf in Athen-Erbach.[1]

Die Altertumserklärer des 18. Jahrhunderts nahmen ferner einen Colossalkopf der Samml. Ludovisi, damals an der Stadtmauer aufgestellt, Schreiber Katal. No. 207, sowie den matteischen Colossalkopf in Giardino della Pîgna des Vaticans (abgeb. Amelung die Skulpt. des vatic. Museums I. Taf. 94. p. 834)[2] für Alexander. Die über der Stirnmitte geteilten, in zwei Stufen links und rechts laufenden Locken des ersteren konnten zur Not als ἀναστολή gedeutet werden. Dagegen ist die Anlage der rings um die Stirn (nicht bloss in der Mitte) sich aufbäumenden Locken des anderen ein der Alexander-Ikonographie durchaus fremdes Motiv, von den übrigen Incompatibilitäten gar nicht zu reden. Alexander hätte höchstens auf Rhodos in dieser enormen Colossalität (der grösste Kopf in Rom) dargestellt werden können. Aber wie unwahrscheinlich dann die Verschleppung nach Italien?[3]

Sogg. Alexanderköpfe mit kurzem Haar.

Nach den beglaubigten Darstellungen ist langgelocktes Haar eines der stabilsten Merkmale der Alexanderbildnisse gewesen. Halblang ist es bei dem Dressel'schen Kopf und beim Erbacher Typus, wo wir wegen der stark an die Azaraherme anklingenden ἀναστολή noch an Alexander glauben festhalten zu dürfen, während beim Kopf von Pergamon zu wenig mehr für ihn spricht. Köpfe mit entschieden kurzem Haar müssten schon durch starke anderweitige Empfehlungsgründe gestützt sein, um gleichwohl auf ihn bezogen werden zu dürfen.[4]

[1] Vgl. oben p. 42. Arndt zu den Einzelaufnahmen n. 106 macht auf die Verwandtschaft mit dem sog. Periboetos aufmerksam.

[2] Skizze in meiner Röm. Ikonogr. II. 1. p. 29. Vgl. Mon. Matth. I. Praefat. p. 31.

[3] In den Monum. Matth. I. p. 31. Anm. 3 wird für diesen Kopf auf Band II. Taf. 7 hingewiesen. Hier scheint aber vielmehr der ludovisische Kopf abgebildet zu sein, der a. a. O. ebenfalls beschrieben wird und der wohl durch Verwechslung an die Stelle des matteischen geraten ist.

[4] Von der Existenz eines angeblich kurzgelockten Alexandertypus auf Münzen der babylonischen Zeit (Six in den Röm. Mitt. 18. 1903. p. 209) habe ich mich mit den mir zu Gebote stehenden Hilfsmitteln bis jetzt nicht überzeugen können. Und aus

Da ist vor Allem der Kopf in Blundell Hall, Anc. marb. in Gr. Brit. p. 370 No. 178 (abgeb. Arch. Ztg. 1874 Taf. 4), den Michaelis zuerst für Alexander erklärt, dann aber mit Recht, wie ich glaube, wieder aufgegeben hat. Grund zur Deutung war die in der Vorderansicht bestehende entfernte Verwandtschaft mit der Azaraherme, die sich teils in den Proportionen, teils in dem das Gesicht umgebenden Haar kundgiebt. Doch ist die ἀναστολή bereits durch eine Art Scheitelung mit auseinandergehenden Locken vertauscht, hinter welchen ein schmaler Reif hinläuft, mit Löchern (zur Befestigung eines Kranzes?). Oberhalb des Reifes sind die Haare kurz, zwar nicht mehr ausgearbeitet, doch offenbar von Anfang an so entworfen. Auch die eckig ansetzenden horizontal laufenden Brauen über den lang gezogenen Augen, kommen bei keinem halbwegs sicheren Alexanderkopf vor.

Nach einem ersten Eindruck könnte man sodann glauben, es verberge sich ein Alexander hinter dem Colossalkopf von Piperno im Capitol, Filos. No. 28 (abgeb. Arndt-Amelung Einzelv. II. 431, 432), der bei allerdings total verschiedenem Haarcharakter in der kühnen Haltung und in der lysippischen Formenbehandlung, der vorquellenden Unterstirn, der schrägen Stirn- und Nasenlinie einigermassen an den sog. Alexander-Helios erinnert. Aber die kurzen, krausen, gleichmässig über der Stirn gesträubten Locken, der breite Nasenrücken, der kleine, nicht über die Nasenflügel hinausgehende Mund, stimmen zu wenig mit seinen sonstigen Zügen. Es müsste ein Alexander als Herakles oder als Sohn des Herakles gemeint sein, was aber schwerlich auf diese Weise ausgedrückt worden wäre. Schreiber hat vollkommen Recht, wenn er sagt: Die Idealisierung eines Porträts sei in griechischer Zeit nie auf die Änderung der Haartracht ausgedehnt worden[1]. Die Asymmetrie der Gesichtslinie halte ich hier wie schon anderwärts (Kopf in Chatsworth, Kopf Barracco) für zufällig.

Bei einigen kurzgelockten Köpfen haben äussere Abzeichen (vermeintliches Diadem, Stier- oder Widderhörner) zu der Deutung auf Alexander geführt, obgleich diese Abzeichen keineswegs als ihm

der Notiz des Arrian, dass der König beim Tode des Hephaestion sich das Haupthaar geschoren habe, wird man für seine Darstellungen keine Folgerungen ziehen dürfen.

[1] Stud. p. 285.

zukommend oder für ihn bezeichnend erwiesen sind, weshalb gewöhnlich auch noch die Gesichtszüge auf das Prokrustesbett gelegt werden, um die Namengebung begründeter erscheinen zu lassen.

So hat Papayannakis ein jugendliches Köpfchen im Besitz des Herrn Couris zu Odessa, aus der Umgebung von Smyrna, in der Gaz. arch. II. 1876 pl. VII. No. 21 als Alexander publiciert: ein lysippischer Athletentypus, dessen kurzes, leicht gelocktes Haar von einem schleifenlosen Band umgeben ist; der Kopf etwas nach rechts geneigt. Papayannakis meint, es seien allerdings *quelques légères différences* vom gewöhnlichen Alexandertypus vorhanden; aber der Vergleich mit der Azaraherme und den Münzen setze die Bedeutung ausser Zweifel. An der Jugendlichkeit des bediademten Königs brauche man sich nicht zu stossen, da Alexander schon im 16. Jahre zur Teilnahme an der Regierung berufen wurde. Welche Umschweife, um etwas zu beweisen, wofür im Grunde gar nichts spricht. Im Berliner Skulpturenkatalog wird das Köpfchen als Replik des dortigen Athletenkopfs No. 484 bezeichnet.

Ebenso willkürlich wird eine kleine Bronzeherme von Pompeji aus der ehmaligen Sammlung Basilewsky, jetzt in der Eremitage von Petersburg (abgeb. Fröhner Cat. des bronzes de la coll. Gréau, pl. 29 No. 959), Alexander genannt. Sie hat gescheiteltes und stufenweise gelocktes, aber ziemlich kurzes, die Ohren ganz frei lassendes Haar, mit einem umwundenen Reif geschmückt, von dem die Bindenenden lang auf die Schultern herabfallen.

Geraume Zeit figurierte unter dem Namen Alexander der jugendliche, leicht aufwärts blickende Hermenkopf mit den keimenden Stierhörnchen in Neapel (abgeb. Arndt-Bruckm. 353, 354)[1], der nach dem eingeritzten Wangenbart allerdings wohl ein Porträt sein mag, nach dem kurz gebüschelten Haar aber gewiss kein Alexander, wie noch de Petra meinte. Wenn er jetzt der Hörnchen und der Binde wegen für einen Diadochen genommen wird, so dürfte das noch weiterer Untersuchung empfohlen sein, denn die schmale Binde ist nicht das Abzeichen der Könige.

Ein wirkliches Diadem trägt der ähnlich gehörnte kurzgelockte Kopf im Lateran No. 236 (abgeb. Arndt-Bruckm. 351, 352), den Six wegen angeblicher Übereinstimmung mit dem Alexander (?) der Löwenjagd auf dem Sarkophag von Sidon (abgeb. Jahrb. d. Inst. 1894,

[1] Comp. e de Petra Villa Ercol. XX. 3; Röm. Mitth. IV. p. 35.

Anz. p. 20 No. 14) für Alexander nimmt.[1] Zutreffender wäre die Ähnlichkeit mit dem mutmasslichen Alexanderkopf auf einer Münze von Aigeai in Kilikien (abgeb. Imhoof Kleinas. Münzen II. Taf. 16 No. 10), wenn sich überhaupt mit solchen Ähnlichkeiten etwas erweisen liesse.[2] Die keimenden Stierhörnchen, hier wie beim vorigen Kopf, haben mit den Widderhörnern des Ammon nichts zu tun.

Und hier muss denn auch die neueste Hypothese von Six registriert werden, wonach der früher sog. Lysimachos im Vatican, Sala dei busti No. 338 (abgeb. Arndt-Bruckm. 489, 490), bei dem schon Gräf an Alexander dachte, nur der richtigen Ergänzung bedürfte, um sich als ein unverkennbares Abbild der Lysimachosmünzen und somit als ein Bildnis des Makedonerkönigs zu ergeben. Diese Ergänzungen bestünden darin, dass einerseits die zwei Löcher über der Stirn mit den fehlenden Ammonshörnern ausgestattet und andererseits die unrichtig restaurierte Nase durch eine für Alexander passende, etwa durch die der Magnesiastatue, ersetzt würde (s. den Restaurationsversuch bei Six Röm. Mitt. 18. 1903. p. 212). Es wäre sehr erfreulich, wenn dem schönen Kopf auf diese Weise zu einem Namen und noch dazu zu einem so glänzenden verholfen würde. Aber ein Blick auf die Six'sche Abbildung muss jeden Unbefangenen belehren, dass man mit dieser Procedur noch keinen Alexanderkopf erhält. Der Schnitt und Wuchs der Haare, wie auch die Bildung der Augen mit den an den Schläfen fast senkrecht abgegrenzten Brauenmuskeln sind nun einmal entschieden seinem Typus fremd. Formenschönheit, Diadem und Löcher (Stierhörner) scheinen vielmehr für Demetrios Poliorketes zu sprechen. Doch sind auch Hermes (mit Kopfflügeln) und der jugendliche Herakles einstweilen noch nicht ausgeschlossen[3].

Behelmte Köpfe.

Sicher falsch benannt, wenn überhaupt noch ernstlich auf Alexander bezogen, sind endlich eine Anzahl behelmter jugendlicher Köpfe, bei denen nur der kriegerische Charakter die Namengebung veranlasst hat, wie der von Porphyr bei Montfaucon Antiqu. expl.

[1] Röm. Mitt. 14. p. 87.

[2] S. die verschiedene Darstellung der gleichen Person auf den ebenda abgebildeten Münzen No. 8 und 9.

[3] Für Herakles vgl. Gräf in den Röm. Mitt. IV 1889. p. 189 ff. – Dass Alexander in Ägypten als Ammon dargestellt wurde, leidet wohl keinen Zweifel. Doch

Suppl. zu IV. pl. 1, damals im Cabinet des Maréchal d'Estrées, der kleine Jünglingskopf in Ny-Carlsberg zu Kopenhagen (abgeb. Arndt Coll. Ny-Carlsberg pl. 78) u. and.

Ein jetzt ebenfalls nach Kopenhagen gekommener behelmter Kopf von Velletri (abgeb. Arndt-Bruckm. 575, 576)[1] wird nicht sowohl seines allgemeinen Feldherrncharakters wegen für Alexander genommen, als deswegen, weil der Helm vorn in eine Löwenschnauze ausgeht. Der Löwenhelm, meint Arndt, empfehle die Deutung. Aber dann müsste es wenigstens die von den makedonischen Münzen her bekannte Kopfbedeckung des Herakles, die Kopfhaut eines Löwen sein, nicht ein mit Löwenschnauze verzierter korinthischer Helm, der natürlich aus Metall zu denken ist. Auch Formen und Ausdruck sprechen gegen Alexander.[2]

Einen wirklichen Löwenhelm im Sinn der Alexandermünzen trägt der 1873 beim Dipylon gefundene Kopf im Nationalmuseum zu Athen (abgeb. Arndt-Bruckm. Portr. 485, 486)[3], der von Gräf für Herakles genommen, von Arndt wieder frageweise auf Alexander gedeutet wird. Ich muss dem Letzteren insofern Recht geben, als er bestimmt Porträtzüge darin ausgedrückt findet, die zu einem Heros nicht passen. Aber dass der Kopf auch nur entfernt an Alexander erinnere, wird man nicht sagen können. Er zeigt ein ausgesprochen senkrechtes Profil, an dem nur die Oberstirn um eine Stufe zurück tritt, einen vorstehenden Mund mit hängender Unterlippe, scharf begrenzte Kinnbacken und kurzgelocktes, nur an den Schläfen sichtbares Haar. Die Nase ist abgeschlagen, der Hinterkopf fehlt. Diesem Mangel an allen physiognomischen Alexandermerkmalen gegenüber kann der Löwenhelm, der ja ohnedies ein sehr zweifelhaftes Abzeichen des Königs ist, unmöglich etwas beweisen. — Benndorf scheint in dem Kopf die gleiche Person zu erkennen wie in dem athenischen Exemplar des Erbacher Typus, und bezeichnet ihn, mir etwas unverständlich, als kranken Alexander. Aber wer sollte

assimilierte man ihn hiebei sicher nicht dem griechischen Hermes oder Herakles, sondern höchstens dem Zeus. Schreiber glaubt in einer mit Widderhörnern geschmückten kleinen ägyptischen Bronzebüste der Sammlung Sieglin in Stuttgart (abgeb. Stud. p. 150) einen Alexander-Ammon nachweisen zu können: langgelockt wie der Londoner Kopf von Alexandria, mit hoher Götterkrone und in persischer(?) Königstracht.

[1] Chaumeix Mélanges d'arch. et d'hist. de l'éc. franc. de Rome XIX. 1899 pl. 1.

[2] Vgl. Schreiber Stud. p. 282.

[3] Gräf Röm. Mitt. IV. 1889. p. 199.

auf den Gedanken gekommen sein, den König krank mit dem Löwenhelm in einem lebensgrossen Marmorwerk darzustellen? Büsten wie die des sog. Mithradates im Louvre (public. von Winter im Jahrb. d. Inst. 1894, Taf. 8) beweisen hinlänglich, dass wir bei Porträtköpfen mit diesem Costüm keineswegs an Alexander gebunden sind.

2. Alexander in ganzer Figur (Rundwerke).

Wenn es sich beim Kopftypus im Wesentlichen um Marmorwerke und um lebensgrosse oder gar colossale Denkmäler handelte, so gehören die erhaltenen Darstellungen der ganzen Figur ihrer Mehrzahl nach dem Bronzeguss und der Kleinkunst an. Wir ordnen sie ihrem Motiv nach in Reiterstatuetten, in stehende oder schreitende und in sitzende Figuren, von welchen drei Klassen allerdings nur die mittlere eine grössere und gesichertere Vertretung hat. Auf die bereits beim Kopftypus behandelten Marmorstatuen und Torsi (Alexander Rondanini, Statue von Magnesia, Torso Campana, Torso von Priene, Statuette von Gabii) kommen wir hier nur kurz zurück, um sie der ihrem Motiv entsprechenden Gruppe zuzuweisen.

Fig. 29. Oberteil der Herculanischen Reiterstatuette

a. Reiterfiguren.

Ausser dem Alexander des pompejanischen Mosaiks (oben p. 31) kommt nur eine derartige Figur ikonographisch in Betracht, die bronzene Reiterstatuette in Neapel, die von Köpp u. And. sogar zu den Quellendenkmälern seiner Bildnisse gerechnet wird (abgeb. Fig. 29 u. 30).[1] Sie wurde 1761 im Herculanum gefunden, zusammen mit einem jetzt reiterlosen Pferd (abgeb. Br. d'Erc. II. 65),[2] das als ihr Pendant bezeichnet wird; von sorgfältiger Arbeit mit Silberincrustation, ca. 2' hoch. Der ursprüngliche Erhaltungszustand ist noch nicht genauer untersucht.[3]

Der Reiter ist barhaupt dargestellt, mit fliegendem, von einer diademartigen Binde umwundenem Haar, mit Panzer und Mantel bekleidet, in Riemenstiefeln, ohne Steigbügel, mit der erhobenen Rechten zum Hieb nach eben dieser Seite ausholend. Das Pferd in der Stellung eines kurzen Galopps mit den Vorderbeinen in der Luft; unter dem Leib eine ruderförmige Stütze. – Obwohl die Gesichtszüge nichts positiv Alexanderartiges haben, glaubt man doch die Figur wegen des langen zurückgewehten und bindegeschmückten Haares, und weil der Kopf als Porträt gefasst werden kann, auf Alexander deuten zu dürfen, wofür auch die Analogie der barhäuptigen gepanzerten Reiter auf dem pompejanischen Mosaik und auf dem Medaillon von Tarsos geltend gemacht werden kann. Indes ist die Situation

Fig. 30. Profil der vorigen

[1] Nach Arndt-Bruckmann Portr. 479. Die ganze Figur autotypisch oder in Lichtdr. bei Baumeister p. 41; Köpp Alexanderbildnis p. 15 und Monogr. zur Weltgesch. IX. p. 2 u. 3; Collignon Sculpt. gr. II. 437; Ujfalvy p. 117; am besten Brunn-Bruckmann Denkm. No. 355 b.

[2] Mus. borb. III. 27.

[3] Arndt zu No. 479 der Portr.

und das Motiv auf diesen Denkmälern verschieden. Das eine mal (Mosaik) der König an der Spitze seiner Genossen im Siegeslauf vorstürmend, das andere mal (Medaillon) Alexander auf der Löwenjagd, während in der Bronzestatuette der Reiter gegen einen einzelnen niedriger stehenden Feind gewandt ist und sich dessen mit dem Schwert zu erwehren sucht. Vollends scheint es gewagt, den helmlosen Kopf mit der bekannten Episode in der Schlacht am Granikos in Verbindung zu bringen,[1] erstens weil wir dieselbe Helmlosigkeit auch in der Schlacht bei Issos (pompejan. Mosaik) und in der Reiterstatue zu Alexandrien (bei Libanios) treffen; und dann des Diadems wegen, das doch nicht unter und mit dem Helm getragen zu werden pflegt. Auch hätte der Künstler den vom Haupte gefallenen Helm ohne Zweifel am Boden liegend dargestellt. Wenn aber keine bestimmte Hinweisung auf die Schlacht am Granikos, so ist auch weiter kein Anlass an die zur Erinnerung an dieselbe verfertigte Gruppe des Lysippos zu denken,[2] zumal, da man nach den Schriftstellern bei der Alexanderfigur der Gruppe ein anderes in sich geschlosseneres Motiv (nicht die kämpfende Stellung) voraussetzen muss. Und aus dem Stil auf Lysippos zu schliessen, dazu ist man schwerlich berechtigt. Erfindung und Kunstwert scheinen nicht auf der Höhe dieses Meisters zu stehen. Man achte auf den unschön gebildeten Nacken des Pferdes und auf die Art, wie der Reiter sich wendet und die Beine spreizt.[3] Overbeck[4] denkt statt dessen an das „Reitertreffen“ des Euthykrates, des Sohnes des Lysipp, für welche Beziehung freilich kein Hindernis existiert, weil wir gar nichts Näheres über das Kunstwerk wissen; aber ebensowenig ist ein irgendwie empfehlender Grund zu dieser Annahme vorhanden. Also im Motiv liegt weiter nichts, was für Alexander spricht, ausser dass die gepanzerte helmlose Reitergestalt auch sonst etwa für seine Darstellung verwendet wurde. Der fliegende Lockenkranz und das angebliche Diadem müssen sozusagen allein für die Deutung aufkommen; denn die Gesichtszüge sind im besten Fall neutral. Dazu ist das Haar über der Stirn nicht eigentlich aufstrebend, sondern in kurzen Büscheln nach links geweht. Die Binde aber, sofern sie als Königsdiadem gefasst werden darf, kommt ebensogut jedem Diadochen zu. Endlich ist die Statuette, wenn die hercula-

[1] Köpp p. 16; Emerson Americ. Journ. III. p. 253; Waldhauer p. 86.
[2] Wie u. And. Wheeler meint, dem Ujfalvy p. 119 zustimmt.
[3] Vgl. Wulff Al. m. d. Lanze p. 50 unten. [4] Gr. Plast. II[4]. p. 170.

nischen Akademiker recht berichten, das Pendant zu einer anderen bei der jetzt der Reiter fehlt, und es ist schwer zu sagen, wer dieser dem Alexander Gleichgestellte gewesen sein soll. Denn um einen solchen, nicht um den vorauszusetzenden Gegner scheint es sich zu handeln. Der Gegner könnte nicht wohl beritten gedacht werden oder er müsste bereits verwundet und im Herabsinken vom Pferde dargestellt gewesen sein. – Nichtsdestoweniger tragen wir Bedenken, die Statuette mit Arndt und Schreiber aus der Reihe der Alexanderdarstellungen auszuscheiden. Die Verbindung des kriegerischen Charakters mit jugendlichem Ungestüm und fliegendem bindegeschmücktem Lockenhaar, wenn sie auch bei manchen Anderen ebenso vorausgesetzt werden kann, tritt uns doch nachweislich und begründet bloss bei Alexander entgegen. Vielleicht hat ein späterer Künstler von der gepriesenen Freundschaft mit Hephaestion Anlass genommen, die Beiden als plastische Gegenstücke nebeneinander zu stellen, indem er den Alexander durch das Diadem vor jenem auszeichnete. – Eine beliebige Figur aus der *turma Alexandri* des Lysipp (Schreiber Stud. p. 282) kann es eben dieses Kopfschmucks wegen nicht gewesen sein.[1]

Genaue Repliken des Motivs giebt es m. W. keine. In der Seiten- und Rückwärtswendung ist etwa der sog. Hephaestion auf dem Sarkophag von Sidon (abgeb. Jahrb. d. Inst. IX. Anz. p. 17. Fig. 12 Mitte) oder eine Figur auf dem Tonbecher des Popilius (abgeb. Hartwig Röm. Mitt. 1898. Taf. 11) zu vergleichen, beide sicher nicht Alexander. Dagegen finden sich in allen Kunstgattungen ähnlich galoppierende, vorwärts stürmende Reiter mit zum Hieb oder Stoss erhobener Rechten, bald als Kämpfer, bald als Jäger charakterisiert, von denen viele mit mehr oder weniger Willkür auf Alexander bezogen werden. Das Motiv wird von der Kaiserzeit an gradezu typisch als Darstellungsweise für lebende oder verstorbene Krieger, Feldherrn und Imperatoren, gewöhnlich mit Hinzufügung eines niedergerittenen Gegners.

b. Stehende oder schreitende Figuren (nackt).

Im Gegensatz zu den Reiterfiguren, welche gepanzert sind und insofern ein realistisches Gepräge tragen, erscheinen die stehenden

[1] Was es mit der „glücklichen Beobachtung von L. Curtius, durch welche die Beziehung auf die Gruppe des Lysippos sicher gestellt werde" (Waldhauer p. 81), für eine Bewandtnis hat, muss abgewartet werden.

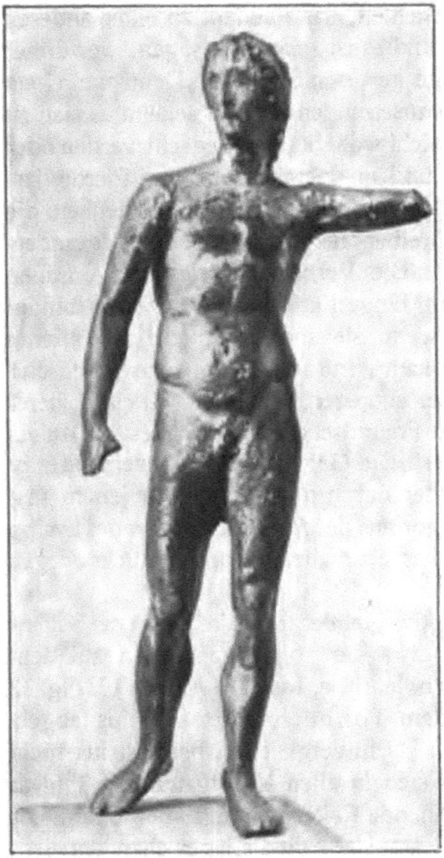

Fig. 31. Kleine Bronze im Louvre

und schreitenden ihrer Mehrzahl nach in heroischer Nacktheit, wie wir es schon bei der Statuette von Gabii getroffen. Sie haben fast alle den einen Arm zum Aufstützen auf eine Lanze erhoben, bald den rechten, bald den linken, ohne dass, wie es scheint, mit diesem Unterschied eine bestimmte Absicht oder Symbolik verbunden war, obwohl, wenn die Lanze das einzige oder das Hauptattribut, der rechte Arm der natürlich gegebene war, wie bei Zeus für den Blitz. Wir scheiden dieselben nichtsdestoweniger der Übersicht halber nach diesem Gesichtspunkt in zwei Gruppen.

Mit erhobener Linken.

Das Recht, auf Alexander gedeutet zu werden, dürfte in erster Linie einer aus Aegypten stammenden kleinen Bronzefigur im Louvre zukommen, Longpérier Not. des bronzes ant. 633 (abgeb. Fig. 31).[1] Sie ist in starkem Ausschritt nach links begriffen, der Kopf nach rechts gewandt, der linke Oberarm horizontal ausgestreckt, der rechte ganz erhaltene Arm gesenkt. Der Kopftypus ist dem der Azaraherme auffallend ähnlich, sowohl im ganzen architectonischen Bau wie im Charakter der Haare, in der Magerkeit des Gesichts und, soweit die Oxydation der Epidermis eine Vergleichung zulässt, auch in den einzelnen Formen. Nach Schreiber[2]

[1] Winter Jahrb. des Instit. X. Anz. p. 163; Ujfalvy p. 65; Schreiber Stud. Tf. VI. L.
[2] Stud. p. 103.

ist sogar, was man auf der Photographie nicht deutlich erkennen kann, die Teilungsstelle der aufstrebenden Stirnlocken ebenso nach der linken Seite verschoben wie dort. Ob indes bei beiden ein und dasselbe Vorbild zu Grunde liegt, in der Azaraherme aus dem Zustand der Bewegung in den der Ruhe versetzt, lässt sich auf Grund der bisherigen Abbildungen nicht sicher entscheiden. Mir scheint die Anlage der Haare, besonders am Hinterhaupt, eine andere zu sein. Der Wuchs der Figur ist schlank, das Motiv von lysippischer Lebendigkeit und Beweglichkeit und zugleich von machtvoller Wirkung. Nach Winter[1] eine Nachbildung des lysippischen Alexanders mit der Lanze, was von Schreiber nachdrücklich unterstützt wird (s. unten).

Als eine ins Jugendliche übersetzte Variante dieses Typus glaubt Schreiber eine andere ägyptische Bronzestatuette des Louvre (abgeb. Stud. Taf. VI. M, p. 107)[2] bezeichnen zu dürfen, die nach ihm auf dasselbe Original zurückgeht, wie das angeblich lysippische Jugendköpfchen in Alexandrien (oben p. 35). Der Kopf ist hier stärker nach rechts gedreht, der nur bis zum Ellenbogen erhaltene rechte Arm scheint von da an vorgebogen, der linke (der jetzt unmittelbar an der Schulter abgebrochen) seitwärts ausgestreckt gewesen zu sein. Das Haar ist üppig gelockt, aber die Locken sind mehr gebauscht als herabfallend, auch, soviel man sehen kann, über der Stirn nicht aufstrebend. Alles, was zu Gunsten der Alexanderbedeutung und des lysippischen Stilcharakters angeführt wird, leidet m. E. an der gleichen Haltlosigkeit wie das von demselben Autor über das alexandrinische Köpfchen Gesagte.

Die umgekehrte Schrittstellung bei ruhigerem Stande hat die bekannte etwa meterhohe Bronzestatuette in München, Furtw. Glypt. No. 463 (abgeb. Fig. 32),[3] die man nach dem bewegten Lockenhaar und den individuellen Gesichtszügen früher für Alexander genommen hat, wogegen schon Brunn auf ihren etruskischen Fundort und Charakter hinwies und Furtwängler sie jetzt gradezu als etruskischen Jupiter bezeichnet. Indessen erinnert die Anlage der durcheinander geworfenen Stirnlocken wirklich an den capitolinischen Kopf und scheint mir jener früheren Deutung in dem etruskischen Charakter des Bildwerks kein absolutes Hindernis ent-

[1] Jahrb. a. a. O. [2] Ujfalvy p. 49.
[3] Arndt-Bruckm. Portr. 188, 189; Ujfalvy p. 51.

gegen zu stehen, so dass ich mit Arndt einstweilen noch an der Möglichkeit der Alexanderbedeutung festhalten möchte. Der umwundene Haarreif hat seine Analogieen so gut bei Alexander wie bei Jupiter. Schreiber (Stud. p. 87) will in der Statuette vielmehr ein in den Armen verändertes Heliosmotiv erkennen mit Bezug auf kleine Heliosfiguren wie die der Bibliothèque nationale in Paris (abgeb. Babelon et Blanchet Cat. des bronzes. No. 114)[1] u. ähnl.

Eine in Haltung und Körpermotiv mit der Münchener übereinstimmende, durch das aufstrebende Stirnhaar deutlicher als Alexander bezeichnete Bronzefigur ist die im Kunsthandel befindliche (abgeb. Schreiber Stud. p. 285, Fig. 35),[2] an der nur die Füsse ergänzt sind, 31 Cent. hoch. Sie hält in der vorgestreckten Rechten eine Schale, „das einzige sichere Beispiel einer Kultstatue des vergöttlichten Alexander.“[3] Über der linken Schulter, hier antik, die Reste eines Mantels.[4]

Dass auch die Marmorstatuen im Pal. Pitti zu Florenz, Dütschke II. 2 (abgeb. Overbeck Kunstmyth. Zeus, Fig. 19)[5] und die aus Nismes stammende im Louvre, Cat. somm. No. 424 (abgeb. Schreiber Stud. p. 285, Fig. 34),[6] wie Schreiber annimmt, Nachbildungen desselben Originals und Alexanderdarstellungen seien, scheint mir nach dem apollinisch gescheitelten Stirnhaar ganz zweifelhaft. Was zur Begründung dieses angeblichen Alexandertypus (Kunsthandel, Pal. Pitti, Louvre), dem auch der Kopf der Chatsworther Statue (oben p. 87) angehören soll, vorgebracht wird, ist durch und durch problematisch, wie auch die mögliche Rückführung auf das Münzbild von Nikaea und auf den Künstler Timotheos (Schreiber Studien p. 287). Der Kopftypus ist bei allen verschieden, das Standmotiv aber ein so gewöhnliches und häufig vorkommendes, dass aus ihm allein kein besonderer Typus abgeleitet werden kann. Ebensogut hätte auch noch die albanische Statue im

[1] Clarac pl. 474 B. 929 C.

[2] Abguss im Albertinum zu Dresden.

[3] Schreiber Stud. p. 287.

[4] Doch muss bemerkt werden, dass bei kleinen Bronzen das lockig aufstrebende oder auseinander gehende Stirnhaar häufig auch bei Figuren vorkommt, die entschieden nicht Alexander darstellen. Beispiele der bärtige Herakles(?) mit der Löwenhaut auf Kopf und Brust im Münchener Antiquarium, oder der nackte Jüngling mit Trinkhorn und (ehmals) Schale ebenda No. 1066.

[5] Der Kopf Arndt-Amelung Einzelverk. 206, 207. Vgl. Amelung Führer n. 194.

[6] Clarac pl. 346, 926.

Fig. 32. Bronzestatuette in München (Glypt.)

Fig. 33. Bronze Nelidow

Louvre mit dem jetzt aufgesetzten behelmten Kopf (oben p. 85) und manche andere hieher gezogen werden müssen.

Eine besondere Stellung endlich nimmt die ebenfalls ruhig stehende Bronzefigur in der Sammlung des ehmaligen russischen Botschafters v. Nelidow in Rom ein (abgeb. Fig. 33 und 34).[1] Sie ist ohne die jetzt fehlenden Unterbeine bis zu der erhobenen linken Hand 9,8 Cent. hoch, ursprünglich also 11—12 Cent.[2] Sie steht auf dem rechten Standbein, mit eingestütztem rechten Arm und gesenkter rechten Schulter. Der linke Arm ist gebogen emporgestreckt, der Kopf nach links gerichtet. Das Haar ist über der Stirn in drei Locken gegliedert und seitwärts mit mässiger Ausladung über die Ohren zurückgestrichen. An der Stelle, wo sonst das Diadem zu laufen pflegt, ist (wenigstens auf der rechten Seite) eine rillenartige Einsenkung. Aber wenn der Künstler ein Diadem hätte bilden wollen, wie Wulff p. 40 und 47 annimmt, müssten deutlichere Spuren davon zu sehen sein. Dass die Figur die Lanze in der erhobenen Linken gehalten, ist nicht absolut sicher. Denn bei der Vorderansicht des Kopfes, welche wir als die Hauptansicht betrachten, käme die Lanze grade vor die Figur zu stehen, sie gleichsam schneidend.[3]

[1] Wulff Alexander mit der Lanze. 1898 Taf. 1 u. 2; Ujfalvy p. 111 u. 113 (nach einem *surmoulage de la statuette*). Meine Beurteilung beruht abgesehen von den Abbildungen auf der vom Besitzer freundlichst gestatteten Besichtigung des Originals.
[2] Ohne Zweifel die schon bei Arndt-Amelung Einzelaufn. Ser. III. p. 30 erwähnte kleine Bronze zu Constantinopel, wo freilich gesagt wird, beide Unterbeine seien neu, während sie vielmehr fehlen. Schon hier wird auf die Ähnlichkeit des Motivs mit der Statue des Thermenmuseums hingewiesen.
[3] S. die Abb. bei Ujfalvy p. 110, wo allerdings der linke Unterarm stärker gegen den Kopf gebogen scheint, als auf der Abbildung bei Wulff.

Die Haltung des Armes lässt eine unmittelbare Beziehung zwischen ihr und der Richtung des Kopfes vermuten. Wären die Hände mit dem Cestus versehen, so könnte man an einen Faustkämpfer denken, der einen Gegner herausfordert. Oder er hielt vielleicht einen Siegeskranz über seinem Haupte. Man wird freilich einwerfen, die Vorderansicht des Kopfes sei nicht notwendig die Hauptansicht der Statuette; bei einem Standpunkt von links, so dass der Kopf im Profil, würde die Lanze wie bei der Statue des sog. Alexander Bala im Thermenmuseum nur den Oberarm schneiden. Aber auch dann liefert die Ergänzung mit der Lanze kein befriedigendes Resultat. Das Motiv deckt sich nicht mit dem der genannten Statue.[1] Der linke Arm ist an der Nelidow'schen Bronze weniger erhoben, der Kopf nach links gewandt, der rechte Arm eingestützt, nicht auf den Rücken gelegt. Die aus ihrem Vergleich gezogenen Vermutungen haben daher nichts Zwingendes weder für das Motiv als solches noch für die Bedeutung der Statuette. – Noch weniger wird man sich auf die Alexanderfigur der Münze von Nikaea (abgeb. Schreiber Stud. p. 186)[2] berufen dürfen. Denn diese stützt die Lanze (oder das Scepter) nur in Schulterhöhe und hält in der Rechten ein Attribut.

Fig. 34. Bronze Nelidow

Die Nelidow'sche Bronze weicht im Haarwuchs und in den horizontal laufenden Brauen, den einzigen individuellen Zügen des Kopfes, so deutlich von den sonstigen Alexanderdarstellungen ab, und entspricht in der Haltung der Arme, namentlich des eingestützten rechten, so wenig der vorauszusetzenden Hoheit und Würde des jugendlichen Makedonerkönigs, dass die vermeintlich auf ihn weisende Halswendung dagegen absolut nicht ins Gewicht fällt. Die Arbeit ist vortrefflich, besonders an Bauch und Rücken; der ikonographische Wert aber und wohl auch der stilistische (angeblich

[1] S. ihre Gegenüberstellung bei Ujfalvy p. 110.
[2] Imhoof Kleinasiatische Münzen I. Tf. 1. 12.

deutlich auf Lysippos weisende) wird von Wulff und Ujfalvy überschätzt.[1]

Ob auch der bei den Köpfen (p. 59) besprochene kleine Marmortorso von Priene in Berlin den linken Arm erhoben hatte, kann nicht mehr gesagt werden, weil der Arm unmittelbar an der Schulter abgebrochen. Wenn die mitgefundene Hand mit dem Schwertgriff dazu gehört, so war er eher gesenkt.

Mit erhobener Rechten.

Unter den Statuetten mit erhobener Rechten, welche auf Alexander gedeutet werden, sind die wichtigsten eine ruhig stehende in Parma und eine in Schrittstellung im brit. Museum.

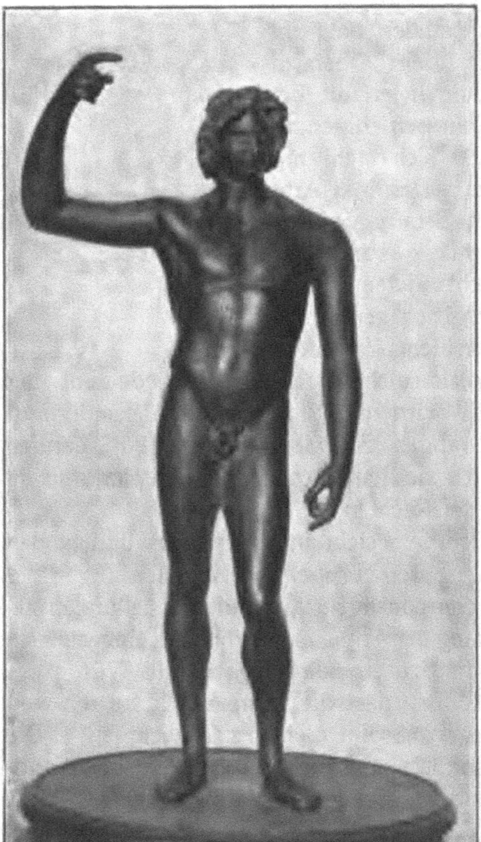

Fig. 35. Kleine Bronze in Parma

Die Bronze von Velleja im Museum von Parma (abgeb. Fig. 35)[2], auf rechtem Standbein mit etwas vorgesetztem linken, steht fest auf beiden Sohlen. Der rechte Arm ist horizontal seitwärts gestreckt, vom Ellenbogen an in einem

[1] Vgl. die Anzeige der Wulffschen Schrift von Köpp in der Berl. philol. Wochenschrift 1899. p. 119. – Eine kleine Bronze im Gegensinn mit links eingestütztem Arm ist die im Münchener Antiquarium No. 355. Sie hat ebenfalls alexanderartiges Stirnhaar. c. 20 Cent. hoch.

[2] Arndt-Amelung Einzelv. No. 73; Ujfalvy p. 121.

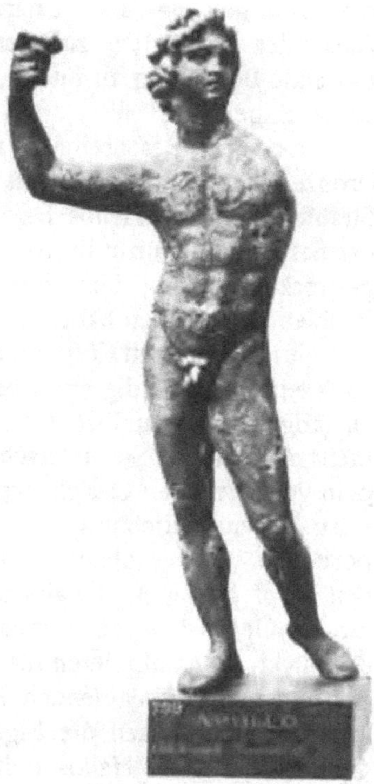

Fig. 36. Kleine Bronze im Brit. Museum

rechten Winkel erhoben, der linke ist gesenkt, einst wie es scheint mit stabartigem Gegenstand in der Hand; ob aber die Arme antik, weiss ich nicht. Das Haar umrahmt das Gesicht in ausladendem Lockenkranz. Früher als Apollo bezeichnet, nach Conze eher Alexander,[1] was dem Kopftypus nach vielleicht möglich. Die Körperformen allerdings sind für ihn fast zu schlank, die Arme überhaupt zu lang. Ca. 28 Cent. h.

Bewegter, nach rechts schreitend, mit nach links gewandtem Kopf wie der Apoll von Belvedere, nur mit umgekehrter Haltung der Arme, tritt uns die aus Orange stammende Bronze des brit. Museums (abgeb. Fig. 36)[2] entgegen, welche Schreiber sehr mit Unrecht in den Typus der vorigen miteinbezieht. Beide Figuren gehen nach Kopftypus, Standmotiv und Proportionen auf ganz verschiedene Originale zurück. Ob die Londoner Bronze Porträt oder Gottheit, ist wie oft bei den kleinen Bronzen nicht sicher zu entscheiden. Sie hat apollinischen Charakter; doch scheint es nicht Apollo selber zu sein, zu dem weder die mittlere Stirnlocke noch das Motiv des zum Aufstützen erhobenen Armes passt, während Beides für Alexander geltend gemacht werden könnte, wie auch die Haaranlage und die Halswendung an die des capitolinischen Kopfes erinnern. Schreiber[3] findet die Übereinstimmung mit dem letzteren so gross, dass er vermutet, in der Bronze sei uns das statuarische Motiv desselben erhalten. Wir haben indes bereits bemerkt (p. 75), dass doch keineswegs Alles stimmt und dass die Fülle der Gesichtsformen und

[1] Arch. Ztg. 1866, p. 267* u. 1867, p. 87*.
[2] Walters Catal. of the bronzes No. 799 pl. 24. 1; Schreiber Stud. Tf. XI. R, p. 124.
[3] Stud. p. 127.

der sozusagen elastische Charakter des Haares die Beziehung auf Alexander schwerlich zulassen. Die Schwierigkeit, eine andere passende Bedeutung zu finden, ist noch kein Grund, sich mit jener zu beruhigen.

Eine der Beschreibung nach der Londoner ähnliche kleine Bronze, die durch den Typus „deutlich“ als Alexander, durch den Strahlendiscus als Helios bezeichnet sei, soll sich nach Helbig[1] in der Sammlung Galizin in Moskau befinden, mit Schwert in der vorgestreckten Linken, dem ohne Zweifel eine Lanze in der erhobenen Rechten entsprochen habe. 13 Cent. hoch. (S. oben p. 69.)

Im allgemeinen Körpermotiv schliesst sich der Londoner Bronze auch eine aus Venedig erworbene Figur des Berliner Antiquariums an (abgeb. Jahrb. d. Inst. 1891 Anz. p. 123),[2] die aber sicher nicht mehr Alexander. Sie unterscheidet sich von jener, abgesehen von dem verschiedenen Gesichtstypus durch die stark aufwärts statt seitwärts gehende Richtung des Kopfes, sowie durch schwerere Proportionen. Die erhobene Rechte ist in der Höhe des Ohres gegen den Kopf gebogen, die abwärts gestreckte Linke hielt einen stabartigen Gegenstand. Die Haare sind mit einer schmalen Binde geschmückt, unterhalb deren die Locken über der Stirn emporstreben, und einen ringsumlaufenden Kranz bilden. Furtwängler[3] und mit ihm Schreiber fassen die Figur mit Berufung auf einen späteren Gemmentypus als Helios (mit Peitsche in der Linken), Schreiber gradezu als Nachbildung des Helioscolosses von Chares, wovon der Torso Campana im Louvre ein anderes Exemplar sei. Doch fehlt jede Andeutung eines Strahlenkranzes, und dass die hoch erhobene Rechte mit dem Zügelriemen umwickelt zu denken sei,[4] halte ich für ganz ausgeschlossen; auf den Coloss übertragen, würde dies fast lächerlich erscheinen. Auch die Proportionen deuten nicht eben auf eine von Lysippos abhängige Schule.

Ob die kleine Bronzefigur der früheren Samml. Oppermann in der Bibliothèque nat. zu Paris (abgeb. Babelon-Blanchet Cat. des bronzes No. 821)[5] für Alexander genommen werden darf, wie man nach dem über der Stirn geteilten Lockenkranz vermuten könnte,

[1] Bullet d. Inst. 1880. p. 237.
[2] Schreiber Stud. XI. 2.
[3] Jahrb. a. a. O.
[4] Schreiber Stud. p. 128.
[5] Ujfalvy p. 63.

lasse ich dahingestellt. Sie unterscheidet sich von den vorigen durch linkes Standbein und durch das um den linken Arm geschlungene Mäntelchen; der bis zum Ellenbogen erhaltene rechte ist hoch emporgestreckt. Der übermässig dicke Hals scheint ein Fehler des Bronzegusses zu sein.

Das Motiv des zum Aufstützen auf Lanze oder Scepter erhobenen Armes bei heroischer Nacktheit ist übrigens ein so allgemein statuarisches, dass bei einer Durchmusterung der Bronzesammlungen noch manche ganz ähnliche Figuren könnten namhaft gemacht werden. Aber wo nicht zugleich die Haartracht auf Alexander weist, hat die Beziehung auf ihn keinen Halt; und wo der Kopf von einem Helm bedeckt ist, kann daneben meist ebenso gut an Ares, Achill oder an einen andern jugendlichen Heroen gedacht werden.[1]

Ohne erhobenen Arm.

Eine auf Alexander gedeutete nackte Figur ohne erhobenen Arm ist die ca. 35 Cent. hohe Bronze im Münchener Antiquarium No. 358 (abgeb. Fig. 37),[2] 1891 aus dem Besitz des Bildhauers Arnold in Kissingen erworben, auf modernem Fussgestell mit der Majuskelinschrift Ἀλέξανδρος Μακεδό . . . βασιλεύς. Auf rechtem Standbein, das linke Bein auf eine kleine Erhöhung gesetzt, aber ohne Zweifel in seinem unteren Teil ergänzt. Beide Arme giengen bis zum Ellenbogen abwärts, ihr Motiv lässt sich nicht mehr genauer bestimmen. Der Kopf mit Binde und mit zwei aufstrebenden symmetrischen Stirnlocken verläugnet nicht ganz den Alexandercharakter, doch sind die Locken von mässiger Länge, kaum viel länger als bei dem Kopf von Piperno im Capitol (oben p. 94), der Hals stark, die Lippen ungewöhnlich voll, die Nase etwas eingedrückt; in den Augen die Pupillen angegeben. Die Wahrscheinlichkeit ihrer bezüglichen Deutung entspricht dem Grade nach ungefähr dem des genannten capitolinischen Kopfes. Schreiber[3] vermutet auf die schwache Ähnlichkeit hin mit der zweifelhaften Marmorstatuette der Sammlung Demetrio in Athen (s. unten: Bekleidete Figuren) ein Bild des Hephaestion.

Abwärts gehende Oberarme hat auch die Statuette von Gabii

[1] Über dergleichen Figuren vergleiche Schreiber p. 91. Anm. 33.

[2] Brunn-Bruckmann Denkm. 280. Abgüsse in Dresden u. Berlin, Wolters Gipsabg. No. 1320.

[3] Stud. p. 123.

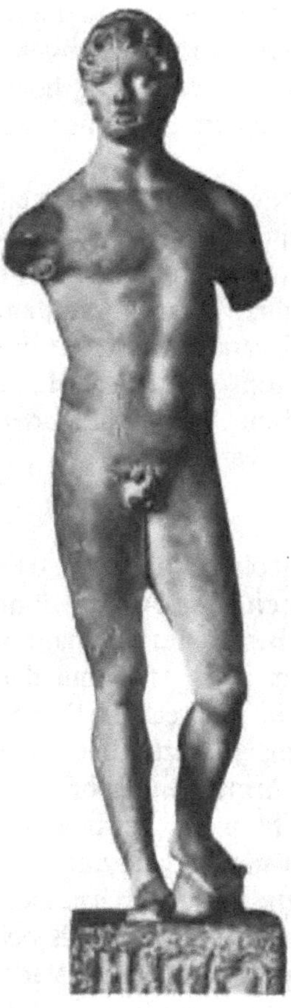

Fig. 37. Kleine Bronze im Münchner Antiquarium

(p. 83) und event. der Torso von Priene (p. 59), um vom Alexander Rondanini (p. 45), der in Bezug auf das Motiv völlig allein steht, zu schweigen.

c. Bekleidete stehende Figuren.

Da hier das Unterscheidende nicht sowohl in der Haltung der Arme als in der speziellen Art der Bekleidung liegt, so stellen wir sie nach dem letzteren Gesichtspunkt zusammen.

Mit der Aegis. – Den Übergang von den nackten zu den bekleideten Figuren bildet die neuerdings für das Berliner Antiquarium erworbene fragmentierte Bronzestatuette mit der Aegis (abgeb. Fig. 38)[1], aus Ägypten. Nur Kopf mit Brust und linkem Arm; wahrscheinlich der Rest einer stehenden mit der Rechten auf ein Scepter gestützten Figur. Die Aegis ist chlamysartig auf der rechten Schulter geheftet und um den vorgestreckten linken Unterarm geschlagen, von wo sie in unnatürlicher Schräge (verbogen?) herabfällt. Der undeutliche Gegenstand, den die Figur in der Hand trägt, mit der Fläche nach oben, ist, wie Schreiber vermutet,[2] das Postament einer kleinen Nike. Die porträthaften Züge mit dem Lockenkranz unterhalb der Binde und der etwas nach links gerückten ἀναστολή des Stirnhaars scheinen zusammen mit der Aegis die Deutung auf Alexander sicher zu stellen. Doch sind die Gesichtsformen flüchtig behandelt: eine gerade Stirn- und Nasenlinie, horizontal laufende Brauen, plump umränderte Augen, eine ziemlich platte Nase, ein abfallendes Kinn. Es wäre Alexander unter der Gestalt des hellenischen Zeus. Eine Andeutung des Ammoncharakters, wie sie der ägyptische Fundort erwarten liesse, ist nicht vorhanden.

[1] Schreiber Stud. Taf. XII. p. 142.

[2] Stud. p. 145.

Fig. 38. Kleine Bronze im Berliner Antiquarium

Mit Chiton und Mantel. — Schreiber (Stud. Taf. IX und X, p. 115 ff.) hat zwei alexandrinische Marmorstatuetten der Sammlung Demetrio im Nationalmuseum zu Athen publiciert, die er nach dem Vorgang von Puchstein[1] als Alexander und Hephaestion deutet, beide mit aufgeschürztem doppelt gegürtetem Chiton und über den Rücken herabhängendem Mantel bekleidet, ca. 80 Cent. hoch; von flüchtiger Arbeit und auf künstlerisch geringe Vorbilder zurückgehend. Der Kopf der Alexanderstatuette (Stud. Taf. IX), meint er, sei eine Nachbildung des Londoner Kopfs (bei uns Taf. VI), gebe daher das Körpermotiv von dessen Urbild wieder; die schlichte Erscheinung bezeichne den Stadtgründer von Alexandria. Die andere Statuette (Stud. Taf. X), die als Pendant gearbeitet, müsse Hephaestion sein; ihre Ähnlichkeit (?) mit einem Kopf der Münchener Residenz (abgeb. Arndt-Bruckm. Portr. No. 487) ergebe auch für diesen die gleiche Bedeutung. Eine Reihe höchst subjectiver Behauptungen und Schlüsse, die alle in sich zusammenfallen, wenn die zweifelhafte Deutung der erstgenannten Statuette auf Alexander nicht Stand hält. Ich kann in der Tat in der hausbackenen Physiognomie derselben auch nicht die leiseste Spur von Ähnlichkeit mit dem schwärmerisch erregten Londoner Kopf erkennen.

Ob man in der kleinen mit Chiton und Mantel bekleideten Bronzefigur im Pal. Crocetta zu Florenz (oben p. 141) des strahlenumgebenen Helmes wegen an Alexander-Helios denken darf, mag hier noch einmal als Frage aufgestellt werden.

[1] Athen. Mitt. VII. 1882. p. 16.

Bloss mit dem auf der Schulter ruhenden und um die Lenden geschlagenen Mantel bekleidet wäre die Statue von Magnesia in Constantinopel (oben p. 53), die aber weder genügend an sich noch durch weitere Analogieen als Alexander verbürgt ist.

An der Statue von Apt in Chatsworth (oben p. 185) ist der Kopf aufgesetzt und nicht zugehörig. Der Torso zeigt den etwa bei Asklepios oder in der Kaiserzeit bei heroisierten römischen Feldherrn verwendeten, die Füsse bloss lassenden Gewandumwurf. Doch ist der Mantel bei letzteren gewöhnlich strammer angezogen (vgl. z. B. den sog. Germanicus von Gabii, abgeb. Clar. pl. 301), sodass die Voraussetzung, es sei eine römische Prinzen- oder Feldherrnstatue, keineswegs sicher.

Auch eine kleine Bronze der Sammlung Constantin Sinodino in Alexandrien (abgeb. Schreiber Stud. p. 145) mit bis zu den Knieen reichendem Lendenschurz und gehäuften Götterattributen (Schlangenstab, Palmenzweig, Kopfflügel, Modius, Uräusschlange?) wird des Lockenhaars und der Halswendung wegen auf Alexander gedeutet: Alexander-Hermes als Schützer der Handelsstadt Alexandria. Die Halswendung ist aber nur die natürliche Folge der Schulterverschiebung, welche hier allerdings etwas unmotiviert erscheint, und das dioskurenartige Lockenhaar könnte auch ein göttliches Wesen bezeichnen. Denn an den Locken allein hätten die Alexandriner eine so bekleidete Figur kaum als ihren Stadtgründer erkannt.

Panzer-Figuren. — Helm und Panzer, wo sie nicht durch den Typus und die Haltung unterstützt werden, bilden noch kein Praejudiz für Alexander. Es bedarf kaum einer besonderen Widerlegung, um Statuen wie die schlechte und verdächtige in Villa Pamfili, Matz-Duhn No. 1347 (als Alexander abgeb. Clarac pl. 840 A. 2106) mit den langen Ringellocken, die kleine in Dresden (abgeb. Clarac pl. 837. 2103)[1] mit dem knieenden Pferd zur Seite von den Alexanderdarstellungen auszuscheiden.

Schwanken kann man bei der ca. 24 Cent. hohen Bronzefigur Campana im Louvre, Longpérier Not. No. 634 (abgeb. bei Ujfalvy p. 159[2]), welche in der erhobenen Rechten ohne Zweifel eine Lanze hielt, während der langgelockte behelmte Kopf links aufwärts gerichtet ist. Die Gesichtszüge wären kein positives Hindernis. Indes

[1] Augusteum 148.

[2] Der sie fälschlich für die gabinische (oben p. 83) nimmt, welch letztere er gar nicht zu kennen scheint.

scheinen der schmucklose kurze Panzer, dessen Lappen grade nur bis zu den Geschlechtsteilen reichen, sowie die nackten Füsse der Würde eines Königs wenig zu entsprechen. Immerhin mag ein verdorbener etruskischer Alexandertypus zu Grunde liegen.[1]

Auch bei der in Britannien gefundenen barhäuptigen Bronzestatuette im brit. Museum, die den linken Fuss auf eine Erhöhung setzt (abgeb. Six Röm. Mitt. 18. 1903. p. 208[2]), wird man nach der breiten Kopfbinde vielmehr an einen griechischen König als an einen römischen Kaiser denken müssen. Das aufgesträubte Haar und die leichte Richtung des Kopfes nach oben sowie das entschiedene Herrschermotiv, die mit der Lanze erhobene Rechte und das Aufstützen des Fusses, geben der Deutung Alexander eine gewisse Wahrscheinlichkeit. Bedenken erregt nur die verhältnismässige Kürze des Haares, wenn nicht auch der Fundort (Barking Hall in Suffolk).[3]

Eine ebenfalls unbehelmte Marmorstatuette in Berlin No. 304 (der Kopf abgeb. Schreiber Stud. p. 22)[4] mit Mantel über dem Rücken wird der symmetrischen ἀναστολή des Stirnhaars und der Binde wegen Alexander genannt. Die Binde ist aber offenbar kein Diadem und der neutrale Knabentypus des Gesichts bietet keine besonderen Berührungspunkte mit seinem Bildnis.

Über die ägyptische Bronzefigur mit dem Strahlenkranz im Louvre (abgeb. Schreiber Taf. VIII. 6), welche der Herausgeber als Alexander-Helios fasst, ist bereits bei Anlass der Heliosbesprechung des capitolinischen Kopfes (p. 69) das Nötige gesagt worden. Die Aufrechterhaltung der bezüglichen Deutung hängt davon ab, inwieweit es mit den angeblichen Darstellungen des Alexander als Helios überhaupt seine Richtigkeit hat.

d. Sitzende Alexanderdarstellungen.

Thronende Bronzefigur von Rheims in der Bibliothèque nationale zu Paris, Sammlung Janzé (abgeb. Fig. 39),[5] unterwärts mit

[1] Vgl. Schreiber p. 92.

[2] Wo auf Murray The Portfolio n. 36 (April 1898) verwiesen wird, welche Zeitschrift mir nicht zugänglich ist. Nach der Aufschrift soll die Bronze schon in den *Vetusta monum. IV. Taf. 11—15* abgebildet sein (Studniczka); eine Umrisszeichnung giebt auch Clarac pl. 972. 2509 A. Vgl. m. Röm. Ikonographie II. 1. p. 398 unten.

[3] Ihre Höhe beträgt c. 2', nicht 6, wie bei Clarac angegeben wird.

[4] Skizze der ganzen Figur im Skulpturenkatalog.

[5] Babelon et Blanchet Cat. des bronzes p. 356 No. 824; Ujfalvy pl. V.; Schreiber

dem Himation bekleidet, von dem ein Zipfel auf der linken Schulter aufliegt; die erhobene Rechte auf eine Lanze gestützt, in der Linken ein Schwert. Der Kopf porträtartig, langgelockt, mit einem in spätem Geschmack verzierten Helm bedeckt. Der Sitz und das vorgestreckte Schwert sind ergänzt, vielleicht auch die Lanze. Das Ganze giebt sich als eine barocke Verschmelzung des Zeus- und Arestypus, übertragen auf eine Porträtfigur und dürfte am ehesten Alexander darstellen in seiner doppelten Eigenschaft als Eroberer und Weltbeherrscher. Ein Römer ist es sicherlich nicht, denn es müsste ein Kaiser sein und zu einem solchen passen die langen Locken nicht. Aber auch von Griechen ist keine grosse Auswahl. Jedenfalls hat Alexander vor einem Diadochen die grössere Wahrscheinlichkeit voraus.[1] Doch ist es ohne Zweifel, wenn auch ein lebensgrosses Monumentalwerk zu Grunde liegt, eine Schöpfung der späteren Zeit, bei der mehr der kühle Verstand als die künstlerische Phantasie tätig war, wie teils aus der Entlehnung des olympischen Thronens, teils aus der nicht überwundenen Disharmonie der zusammengeschweissten Motive hervorgeht. Namentlich will die Beigabe des Helmes nicht zum Zeusmotiv stimmen. Der Künstler scheint dieselbe für nötig erachtet zu haben, damit die Kenntlichkeit der Person unter der nun einmal bezweckten göttlichen Auffassung nicht verloren gehe.

Eine ähnliche thronende Figur, die des Helmes ermangelt, auf einem pompejanischen Gemälde im Hause der Vettier (abgeb. Petersen Röm. Mitt. 15. 1900. p. 160)[2] hat in der Tat zu einer diesbezüglichen Verwechslung Anlass gegeben. Ausgehend von der falschen Voraussetzung, dass Zeus nur bärtig dargestellt wurde, dass er also nicht in dem unbärtigen Jüngling des Bildes gemeint sein könne, hat de Lorenzo darin den Alexander, und weil er einen Blitz trägt, gleich den des Apelles erkennen wollen. Dass es aber nicht Alexander, sondern ein jugendlicher Zeus, geht vollkommen sicher aus den anderen entsprechenden Bildern des Zimmers hervor (Leda, Danaë), welche sich auf Liebesabenteuer des Gottes beziehen.[3]

Ein zweites derartiges Gemälde, das auf Alexander gedeutet wird, befindet sich in einem Gemach des sog. Pantheon von Pom-

Stud. Taf. VIII O, p. 113f. Vgl. Wieseler Arch. Ztg. 1859 p. 119*; Heydemann Pariser Ant. p. 72. No. 23.

[1] Vgl. Schreiber a. a. O.

[2] Nach De Lorenzo *Una probabile copia pompejana del ritratto di Alessandro*. 1900.

[3] S. Petersen a. a. O. p. 164f.; Schreiber p. 93f.

Fig. 39. Kleine Bronze von Rheims in Paris

peji, Helbig No. 940 (abgeb. Museo borb. IV. 19)[1]: ein auf einem Waffenhaufen sitzender, von Nike gekrönter Jüngling. Die Deutung, die ganz in der Luft steht, wird natürlich dadurch nicht wahrscheinlicher, dass auch wieder ein Bild des Apelles namhaft gemacht werden kann, auf welchem möglicher Weise (!) eine Bekränzung Alexanders durch Nike dargestellt war: *Mirantur ejus Romae Castorem et Pollucem cum Victoria et Alexandro Magno* (Plin. 35. 93).

3. Alexanderbilder auf Reliefs.

Es bedarf wohl keiner besonderen Rechtfertigung, dass wir die Relief- und Gemmenbilder von den rundgearbeiteten Marmor- und Bronzewerken auseinanderhalten und in zwei getrennten Abschnitten zusammenstellen. Beide Kunstgattungen haben ihre eigenen von denen der Rundwerke abweichenden Gesetze, welche häufig auch den Typus und das Motiv bedingen, so dass ihre Darstellungen zunächst unter sich selbst verglichen sein wollen.

Bei den Reliefs kommt übrigens wesentlich nur ein Denkmal in Betracht, der sog. Alexandersarkophag in Constantinopel (abgeb. Hamdy Bey u. Th. Reinach Une nécropole royale à Sidon. 1894. pl. 25ff.),[2] der 1887 mit anderen zusammen in einer Grabkammer von Sidon gefunden wurde. Derselbe enthält bekanntlich auf der einen Langseite eine Schlacht zwischen Persern und Griechen, auf der anderen eine Löwenjagd, auf den Schmalseiten je eine Kampfscene und eine Tigerjagd. Da Alles ferngehalten ist, was dem Mythos angehört, und durch das Costüm deutlich zwei verschiedene Nationen charakterisiert sind, so ist die nächstliegende Annahme die, dass es sich um historische Darstellungen handle, dem Stil und Gegenstand nach um solche aus der Zeit Alexanders. Die Reiterschlacht auf der Hauptseite wird daher ziemlich allgemein auf einen der grossen Siege

[1] Vgl. Schreiber Stud. p. 94.

[2] Th. Reinach Gaz. des beaux-arts 1892 I. p. 89ff., II. p. 177ff.; Winter Jahrb. des Inst. IX. 1894. Anz. p. 14ff.; Collignon Hist. de la sculpt. gr. II. p. 405ff. Dazu vgl. Studniczka Verhandl. der 42. Philologenvers. zu Wien (1893) p. 70ff. und Jahrbuch d. Inst. IX. 1894 p. 204ff.; Iudeich ebenda X. 1895. p. 165ff. Die Besprechung bei Furtwängler und Urlichs Denkm. griech. u. röm. Skulptur p. 95ff. war mir nicht zugänglich.

Fig. 40
Kopf des Alexander (?) auf dem Sarkophag von Sidon

des Makedonerkönigs, entweder auf die Schlacht bei Issos (Studniczka, Winter) oder auf die bei Arbela (Th.Reinach) bezogen, und die meisten Erklärer stehen sogar nicht an, einzelne der dargestellten Persönlichkeiten mit Namen zu benennen. Soweit diese aus dem supponierten Vorgang abgeleitet werden, mögen sie als Deutungsversuche eine gewisse Berechtigung haben. Wenn aber behauptet wird, dass die betreffenden Personen an ihrem Costüm und ihren Gesichtszügen kenntlich seien, und dass folglich die Deutung als Alexanderschlacht auch ikonographisch bestätigt werde, so glaube ich dies positiv in Abrede stellen zu müssen.

Die Figur des lanzenschwingenden Reiters links (der Kopf abgeb. Fig. 40)[1] wird (von Studniczka) als unzweifelhafte Darstellung Alexanders bezeichnet, die der zwei behelmten rechts und in der Mitte als solche des Parmenio und des Hephaestion (oder des Philotas). „Alexander kenntlich an dem Löwenfell seines Ahnherrn Herakles, an dem sprühenden Blick und den wohlgetroffenen Zügen des scharf geschnittenen Gesichts.“ Es ist aber weder aus den Schriftzeugnissen noch aus den Denkmälern zu erweisen, dass der Löwenhelm ein besonderes Abzeichen Alexanders war. Denn die Tatsache, dass die makedonischen Könige sich rühmten, von Herakles

[1] Jahrb. IX. Anz. p. 20; Ujfalvy pl. 1.

abzustammen, berechtigt noch nicht zu dieser Annahme. Von speziell auf Alexander bezüglichen Schriftstellen kenne ich nur die Notiz des Ephippos bei Athenaeos (XII. 9), wo er die Göttercostüme aufzählt, in denen sich Alexander bei den Festen zu zeigen pflegte, und zuletzt sagt, dass er häufig auch mit der Löwenhaut und der Keule des Herakles erschien. Die Münzen zeigen ihn fast durchweg barhäuptig. Und es scheint mir nicht zulässig anzunehmen, dass die Künstler „aus Missverständnis" schon damals den Heraklestypus der Alexandermünzen für sein Bildnis genommen hätten. Erst auf einer Tetradrachme des baktrischen Königs Agathokles (c. 200 v. Chr.) ist dieser Typus möglicher Weise für Alexander verwendet worden (s. die Abb. bei Schreib. Stud. p. 178) und nicht aus Missverständnis, sondern mit bewusster Absicht. Was dann die wohlgetroffenen Züge betrifft, so kann natürlich von solchen nur gesprochen werden, wenn ein festes Vergleichungsobjekt vorhanden ist. Welches Vorbild soll hier getroffen sein? Das der Azaraherme zu Grunde liegende? Das kann man nicht wohl behaupten. Der Reiterkopf auf dem Sarkophag hat ganz andere, länglichtere Proportionen, einen total verschiedenen Mund und kurzes, nirgends unter der Kopfbedeckung hervortretendes Haar. Auch die Verwandtschaft mit den Lysimachosmünzen ist nur der Art, dass sich die beiden nicht grade ausschliessen; und die mit dem Reiter des pompejanischen Mosaiks (oben p. 32) liegt nicht im Typus, sondern in der Situation. Typisch bestehen denn doch gar zu bedeutende Unterschiede in der Kopfform, in der Bildung des Auges, im Costüm, als dass von dem Einen auf die Gleichheit der Person des Anderen geschlossen werden dürfte. Der Blick endlich ist nicht sprühender als es die Situation erfordert, und insofern auch nicht charakteristisch für Alexander. — Wulff (p. 65) glaubt die Alexanderbedeutung durch die vermeintliche, aber gar nicht existierende Ähnlichkeit mit der Bronze Nelidow begründen zu können. — Vollends unzureichend erscheint, was zur Deutung des sog. Hephaestion und Parmenio vorgebracht wird: Die Porträthaftigkeit und das ihnen entsprechende Alter, was Beides schon wegen der Kleinheit des Massstabs kaum zu beurteilen ist (vgl. die Abbildungen Jahrb. a. a. O. p. 21).[1]

[1] Aus der zufälligen Ähnlichkeit des so begründeten Hephaestion mit einem herculanischen Marmorkopf in Neapel (abgeb. Comp. e de Petra Taf. 20. 4) weitere Schlüsse zu ziehen und auch nur vermutungsweise ein neues Bildnis, natürlich gleich eines von Lysipp aufzustellen, heisst m. E. reine Luftschlösser bauen.

Th. Reinach, Studniczka u. A. erkennen ferner Alexander in dem einen barhäuptigen Reiter der Löwenjagd auf der anderen Seite des Sarkophags (abg. Jahrb. a. a. O. p. 20, No. 14); das Diadem und die Übereinstimmung seiner Züge mit denen des angeblichen Issoskämpfers liessen darüber keinen Zweifel.[1] Und ebenso, meint Studniczka, sei der Genosse desselben hinter dem Löwen identisch mit dem angeblichen Hephaestion des Schlachtbildes (Jahrb. IX. p. 243). Nun ist aber die dünne, schleifenlose Schnur des vermeintlichen Alexander zum Voraus ein sehr fragliches Diadem und wäre event. passender dem Besieger des Dareios auf der anderen Seite als dem Löwenjäger gegeben worden. Und was die Gesichtszüge betrifft, so geben die genannten Erklärer selber zu, dass denselben kein eigentlich ikonographischer Wert beizumessen sei. Ich begreife daher nicht, wie man sich überhaupt noch auf sie berufen kann, und bin übrigens der Ansicht, dass, wenn man denn nach dem Kopftypus urteilen wollte, die zwei barhäuptigen Reiter der Löwenjagd (sog. Alexander und Hephaestion), die jedenfalls verschiedene Personen darstellen, sich gegenseitig viel ähnlicher sind als den mit ihnen identificierten Personen der Vorderseite des Sarkophags.

Dass in einer Darstellung der Schlacht bei Issos Alexander nicht fehlen durfte, liegt auf der Hand. Er durfte aber nicht nur nicht fehlen, sondern musste als der eigentliche Sieger, als die Hauptperson dargestellt sein. Man erwartet, dass er entweder die Mitte des Bildes einnehme, oder dass er, wie auf dem Mosaik von Pompeji, durch die Situation deutlich als Protagonist charakterisiert sei. Auf einer friesartigen Composition war dies mit Schwierigkeiten verbunden und bis zu einem gewissen Grad stilwidrig. Aber einem Künstler, wie dem unseres Sarkophags, wäre es gewiss möglich gewesen, durch eine praegnante Mittelgruppe (ähnlich der auf der Löwenjagd) auf ein bestimmtes Vorkommnis in der Schlacht, resp. auf eine Tat Alexanders hinzuweisen, ohne die Gleichmässigkeit der Raumfüllung wesentlich zu beeinträchtigen. Wenn er dies nicht tat, sondern drei offenbar gleichwertige Hauptpersonen bildete, so scheint er eben eine Darstellung des betreffenden Ereignisses gar nicht beabsichtigt zu haben. Es war ihm bloss um eine möglichst schöne und prachtvolle Ausschmückung des Sarkophags mit einem Schlachtbild zu tun,[2] und als Medien des Kampfes wählte er unter

[1] Verh. der Philologenversamml. zu Wien 1893. p. 89.

[2] Dekorierender, nicht erzählender Stil. Vgl. Jahrb. d. Inst. XIII. Anz. p. 177.

dem Einfluss der Zeitbegebenheiten Griechen und Perser, wie andere Künstler, z. B. der des Fugger'schen Sarkophags in Wien, Griechen und Amazonen.[1]

Auf der Löwenjagd der Rückseite ist die Hauptfigur ein Perser, der angebliche Alexander wie die entsprechende Figur des sog. Hephaestion sind Deuteragonisten. Ist es denkbar, dass der Besteller (wahrscheinlich ein untertäniger Satrap.)[2] oder der griechische Künstler dem Alexander eine solche Nebenrolle zugewiesen hätte? Die Annahme beruht, um Studniczka's eigene Worte gegen ihn zu kehren, „auf einer ungenügenden Vorstellung von der göttergleichen, über alle menschliche Concurrenz erhabenen Höhe, in der Alexander und seine Taten namentlich seinen orientalischen Untertanen erschienen."[3]

Auch die Scenen auf den Schmalseiten des Sarkophags, sowohl die unteren als die im Giebel, hat man gesucht aus der Geschichte Alexanders zu erklären und ist dabei z. T. auf recht unglückliche Deutungen geraten: Alexander unter dem Streitross eines Persers (südl. Schmalseite); Alexander zu Fuss, einem berittenen Perser gegenüber (nördl. Giebel); Ermordung des Parmenio (südl. Giebel). Wir glauben ihre Besprechung hier übergehen zu dürfen, da die Gesichtszüge dabei nirgends mehr in Betracht kommen oder nur bei totaler Voreingenommenheit für diese oder jene historische Person verwertet werden können.

Ausschliesslich nur des Gegenstandes halber werden auf Alexander gedeutet:

Ein kleines Relief im Pal. Chigi zu Rom, Matz-Duhn Ant. Bildw. III. 3599 (abgeb. Jahn Bilderchron. Taf. VI. M.)[4], 14 auf 9 Cent. gross: Europa und Asien, durch Beischriften bezeichnet, halten einen Schild, auf dem ein Reitertreffen von ca. 20 Figuren dargestellt ist, also wohl eine Alexanderschlacht. Der Reiter in der Mitte zeigt etwa das Körpermotiv des Löwenjägers auf dem Medaillon von Tarsos (abgeb. Köpp Alexanderbildn. p. 3). Möglich, das Alexander gemeint ist,

[1] Ähnlich Köpp Sage u. Geschichte p. 25ff. (bei Ujfalvy p. 129), und A. Körte Die sidonischen Sarkophage. 1895 p. 19f., der allerdings die gegenständliche Deutung des Reiters mit dem Löwenhelm als Alexander noch für gesichert hält.

[2] Vgl. Willrich Der Grabherr des Alexandersarkophags, im Hermes 34. 1899. p. 231.

[3] Jahrb. IX. p. 243.

[4] Visconti Op. var. III. tav. 2.

doch scheint der Künstler keinen Wert auf eine nähere Bezeichnung gelegt zu haben.

Ein Relief von Messene im Louvre, Salle grecque, Cat. somm. 858 (publ. von Löschke im Jahrb. d. Inst. III. 1888. Taf. 7, mit der skizzierten Ergänzung von Stackelberg ibid. p. 190): Drei Figuren, Reiter, Fussgänger und Löwe, von Löschke als Lebensrettung Alexanders durch Krateros gedeutet und auf die Gruppe des Lysippos und Leochares zu Delphi zurückgeführt. Der angebliche Alexander zu Fuss in heroischer Nacktheit mit Löwenfell und Streitaxt, das Gesicht zerstört[1]. (Über die Unrichtigkeit der Deutung s. unten: Historische Beziehungen).

Auch in der Jagddarstellung auf einem Terracottabecher, der 1896 vom brit. Museum erworben wurde (abg. Ujfalvy p. 169; vgl. Jahrb. des Instit. XII. 1897. p. 196 V. 9) will man Alexander erkennen, hier aber nicht in dem die Streitaxt oder den Hammer schwingenden nackten Jäger, sondern in dem zum Hieb ausholenden Reiter.

Freie Wiederholungen der Hauptgruppe des pompejanischen Mosaiks (Alexander den persischen Reiter durchbohrend und der auf einem Wagen fliehende Dareios) sind auf einem Sarkophagrelief aus Isernia (abgeb. Garrucci Annali 1857 tav. N) und auf einer Anzahl etruskischer Aschenkisten (abg. Connestabile Monum. di Perugia tav. 25 ff.) sowie auf einem Tonbecher des C. Popilius in englischem Privatbesitz (abg. Hartwig Röm. Mitt. 1898 Taf. XI) nachgewiesen. Sie sind zum Teil älter als das Mosaik, entweder dem Original desselben oder, wie Hartwig von dem Tonbecher vermutet, einer davon abhängigen toreutischen Arbeit entlehnt.

Von Gemälden mit angeblichen Alexanderdarstellungen sind uns ausser dem pompejanischen Mosaik bloss die beiden oben (p. 116) erwähnten Figuren bekannt, die wir des Motivs wegen der Bronze von Rheims angeschlossen haben, ohne sie gleichwohl als Alexander anerkennen zu können.

Die an das pompejanische Mosaik erinnernden Kampfdarstellungen auf unteritalischen Vasen (publ. von Heydemann 8.

[1] Das Schema dieser Figur kommt auf einer Matrize von Girgenti (publ. von Rizzo in den Röm. Mitt. XII. 1897. Taf. 11) für einen stierbändigenden Herakles verwendet vor.

Halle'sches Winckelmannsprogr. 1883), welche einen bärtigen und behelmten griechischen Feldherrn und einen auf einem Viergespann fliehenden Barbarenkönig zeigen, sind von Heydemann mit Unrecht auf Alexander und Dareios Kodomannos bezogen worden. Sie stammen aus früherer Zeit und können von keiner Alexanderschlacht influenziert sein.[1]

4. Alexander auf geschnittenen Steinen.

Bei dem kleinen Massstab, auf den die Darstellungen der Glyptik der Natur der Sache nach angewiesen sind, können Bildnistypen hier eigentlich nur in Kopfform zur Geltung kommen. Auch bei Alexander haben wir es fast ausschliesslich nur mit dieser zu tun. Die wenigen ganzen Figuren, die etwa vorkommen, sind ikonisch von keiner Bedeutung und müssen wesentlich aus dem Motiv erschlossen werden. Wir teilen die Köpfe in helmlose und behelmte.

a. Helmlose Köpfe.

Zu den sichersten Darstellungen gehören diejenigen, welche einfach den Typus der Lysimachosmünzen wiedergeben, mit den äusseren Abzeichen von Diadem und Ammonshorn. So die drei Cameen der Bibliothèque nationale in Paris, Chabouillet No. 155 bis 157 (zwei davon abgeb. Lenormant Trés. Rois grecs pl. V. No. III und IV)[2] oder der etwas grössere in Florenz (abgeb. Lenormant ib. No. II)[3] Der Agat in Neapel No. 155 ist modern.[4] – Doch ist es mit den äussern Abzeichen nicht immer getan; auch die Physiognomie muss annähernd stimmen und sich mit dem Typus der Münzen vereinigen lassen. Denn grade der schönste und grösste Cameo dieser Art in der Bibliothèque nationale, Chab. No. 154 (abgeb. Babelon Catal. des camées ant. pl. 21. 222)[5] zeigt eine so

[1] S. Köpp Jahrb. VII. 1892. p. 124 ff.; Robert 17tes Halle'sches Winckelmannsprogr. 1893. p. 35.

[2] = Cades Bd. 33. No. 58 u. 59. [3] = Cades 33. 60.

[4] Eine ähnliche Gemme, die aber mit keiner der obigen identisch zu sein scheint, ist abgebildet bei Canini Iconografia XV. p. 38.

[5] Köpp Alex. d. Gr. p. 19. Fig. 16; Phot. Giraudon B. 393.

zweifelhafte Ähnlichkeit (herabgezogene Brauen, Stumpfnase, Doppelkinn), dass man unmöglich mehr ein Bildnis des Alexander darin erkennen kann. Ob es Demetrios Poliorketes, wie Schreiber[1] vermutet, lassen wir dahingestellt.

Auch der Typus der späteren Münzen mit dem flatternden Haar und dem bloss vorn sichtbaren Diadem ohne Ammonshorn wurde auf Gemmen reproduziert, meist wie dort mit aufwärts gerichtetem Kopf. Beispiele sind der Sardonyx-Intaglio der Bibl. nat. in Paris, Chab. No. 2048 (verkehrt als Mithradates bei Mariette II. 84),[2] der Karneol in Petersburg (abgeb. Furtwängler Die ant. Gemmen Taf. 32. 8). — Wo der Kopf nicht aufwärts gerichtet wie auf dem Amethyst in Florenz (abgeb. Gori I. 25. 10)[3], ist die Deutung schon zweifelhaft und schwankt zwischen Alexander und Mithradates.

Die Köpfe mit dem Löwenhelm nach den makedonischen Münzen, von denen die zwei bei Lenormant Trés. pl. XIII. A. u. C. abgebildeten gefälscht sind, geben natürlich, auch wenn sie als Alexander gemeint sein sollten, nur den Typus des jugendlichen Herakles wieder.

Nicht auf die Münzen zurückgehend, sondern wegen äusserer Abzeichen auf Alexander bezogen:

Der Kopf mit Strahlendiadem auf einem Amethyst der früheren Sammlung Nott (abgeb. Furtwängler die ant. Gemmen 32. 13): Profil nach rechts, vom Typus des capitolinischen Alexander-Helios und möglicher Weise von ihm abhängig.[4]

Der Kopf mit Ammonshorn auf der Wange in der Biehlerschen Sammlung (in Lichtdr. abgeb. bei Wieseler Gött. Nachr. 1882. Taf. I. 9. p. 226), von Hrn. Biehler (Cat. No. 119) über alle Massen gerühmt; die Alexanderbedeutung ganz zweifelhaft.

Ein Doppelbildnis auf einer Gemme des Fulv. Ursinus (abgeb. Faber Imagg. 6) mit kleinem Ammonsköpfchen (?) unterhalb des Bruststücks wird wegen dieser Beigabe auf Alexander und Olympias bezogen. Das Diadem des männlichen, die Stirnkrone des weiblichen Kopfes würden dazu stimmen. Über den Verbleib

[1] Stud. p. 204.

[2] Reinach Pierres gr. pl. 104; vergrössert abgeb. bei Ujfalvy p. 140, Fig. 47. Vgl. Schreiber p. 211.

[3] Reinach P. gr. pl. 13.

[4] Vgl. Schreiber Stud. p. 210. 5.

des Cameo ist mir nichts bekannt. – Verwandt der sog. Demetrios I. mit Laodike auf einem Cameo der Kaiserin Josephine (abgeb. Müller-Wieseler I. No. 129).[1]

Modern und nicht Alexander:

Der früher ebenfalls im Cabinet der Kaiserin Josephine befindliche fragmentierte Kopf (abg. Visconti Icon. gr. II. pl. 2a. 3).[2] Nach Millin und Visconti vielleicht von Pyrgoteles (!).

Der Chalcedon der Sammlung Blacas im brit. Museum No. 2307 (abgeb. Lenormant Trés. pl. XIII, D)[3], mit der Aufschrift Pyrgoteles.

Der Sardonyx aus kurfürstlich Mainzischem Besitz (abgeb. bei Stosch P. ant. grav. pl. 55)[4]: sog. Alexander mit der Löwenhaut.

b. Behelmte Gemmenköpfe.

Auf Alexander wurden früher und werden auch neuerdings wieder die grossen Prachtcameen in Wien und Petersburg bezogen, auf denen das Brustbild eines behelmten Königs mit dem eines weiblichen Kopfes gepaart erscheint. Beide sind einander nach Kunstform und Darstellung ausserordentlich ähnlich und stellen möglicher Weise dieselben Personen dar. Wir betrachten sie gleichwohl zunächst gesondert, da ihre gegenständliche Identität nicht a priori vorausgesetzt werden darf.

I. Der Cameo Gonzaga in Petersburg, 155 auf 122 Mill. gross (abgeb. Taf. IX.)[5]: Brustbilder eines jugendlichen Herrscherpaares nach links. Der Kopf des Mannes von einem anschliessenden lorbeerbekränzten Helm bedeckt, mit dem Abzeichen einer geflügelten Schlange; seine Brust mit der Aegis bekleidet; unter dem Helm kommen ringsum die langen Locken hervor, an der Wange und auf der Oberlippe spriesst der erste Bartflaum.[6] Der weibliche

[1] Über andere mehr oder weniger zweifelhafte Alexandergemmen s. Schreiber Stud. p. 209. 1 ff.; Furtw. Die ant. Gemmen zu Taf. 31. 15—20 und 32. 1—9.

[2] Millin Mon. ined. pl. 15; Müller-Wieseler I. 230; Ujfalvy p. 59. Fig. 19. — Vgl. Schreiber p. 196. Anm. 4.

[3] Ujfalvy p. 141. Fig. 49 = Cades 32. 40. Vgl. Schreiber p. 211.

[4] Reinach P. grav. pl. 136. Vgl. Schreiber p. 196. 4.

[5] Furtw. a. a. O. Taf. 53. 2, wo weitere Verweisungen. Vgl. Schreiber p. 199.

[6] Den auf den meisten Abbildungen angegebenen Lippenbart glaubt Schreiber p. 199 auf Grund der Furtwängler'schen Heliogravüre läugnen zu müssen, wohl mit Unrecht.

Kopf ebenfalls lorbeerbekränzt, das Stirnhaar in kleine Locken gekräuselt.

Eckhel und Visconti[1] hatten die anfangs übliche Deutung auf Alexander und Olympias durch die auf Ptolemaeos II Philadelphos und seine Gemahlin Arsinoë ersetzt. O. Müller meinte eher Ptolemaeos I Soter und Eurydike zu erkennen; Arneth[2] plädierte für Hadrian und Sabina, Six[3] für Alexander Bala und Kleopatra Thea, Andere für Demetrios I. von Syrien und seine Gemahlin Laodike. Der Six'schen Erklärung schloss sich auch Babelon an[4], während Furtwängler[5] wieder zu Alexander und Olympias zurückkehrte.

Von diesen Deutungen dürften nun aber zum voraus einige als unmöglich gestrichen werden. So zunächst die auf Hadrian, bis in dessen Zeit der Stein seiner vorzüglichen Technik wegen nicht herabgesetzt werden kann. Es ist ja auch wesentlich nur der Bart, der an ihn erinnert, und dieser ist auf den meisten Abbildungen der Gemme viel zu stark angegeben; es handelt sich in Wahrheit nur um einen leichten Wangen- und Lippenflaum. Alles Übrige, namentlich der Helm, das lange Haar, die tiefe Unterkehlung des Mundes, spricht dagegen, um von der Unvereinbarkeit der weiblichen Figur mit Sabina zu schweigen. – Von Ptolemaeos I. kann schon Alters halber nicht die Rede sein. Er war 62 Jahre alt, als er König wurde, und vorher konnte er nicht mit Lorbeerkranz und Aegis dargestellt werden. Sein Bildnis ist uns auf den Münzen vielfältig und bestimmt überliefert und zeigt absolut keine Berührungspunkte mit der Gemme. – Auch die Beziehung auf Alexander Bala hat an den Münzen keinen Halt, da grade das Charakteristische an seiner Physiognomie, das vorstehende Untergesicht, wie Furtwängler mit Recht bemerkt, mit dem Gemmenbild im Widerspruch steht.[6] Und die auf Demetrios I. von Syrien, dessen Münzprofil zur Not stimmen würde, scheitert an der innern Unwahrscheinlichkeit, dass dieser Fürst während seiner unruhigen und stets bestrittenen Regierung jemals durch ein solches Denkmal verherrlicht wurde.

[1] Visc. Icon. gr. III. p. 306ff.

[2] Die ant. Cameen in Wien.

[3] De Gorgone 1885 p. 73.

[4] Le cab. des ant. p. 145 u. 151.

[5] A. a. O. II. p. 252.

[6] Dies wird auch durch die neuerdings von Six publicierte Münze (Röm. Mitt. 8. p. 220) nicht dementiert und könnte überhaupt durch eine einzelne vom gewöhnlichen Typus abweichende Münze nicht dementiert werden.

Es bleiben noch Ptolemaeos Philadelphos und Alexander. Eine positive oder einigermassen überzeugende Ähnlichkeit mit den betreffenden Münzbildnissen kann ich auch bei diesen beiden nicht erkennen. Aber immerhin noch eine relativ grössere bei Alexander als bei Philadelphos, dessen niedrige Proportionen und zur Fettigkeit neigende Formen sich m. E. nicht mit der Gemme vereinigen lassen.[1] Und doch müsste man bei Ptolemaeos eher eine sorgfältigere Behandlung des Porträts erwarten als bei Alexander, weil, wenn die Darstellungen sich auf ihn beziehen, sie voraussetzlich unter seiner Regierung und also zu seinen Lebzeiten verfertigt wurden, während, wenn auf Alexander, dies erst geraume Zeit nach dessen Tode stattfand. Schreiber behauptet, wir besässen zwei vollkommen übereinstimmende Rundbilder des Philadelphos, eine herculanische Erzbüste (abgeb. Arndt-Bruckm. Porträts, Taf. 93, 94)[2] und einen Marmorkopf der Sammlung Sieglin (noch nicht publ.), welche mit dem männlichen Gemmenkopf (mit diesem und dem Wiener) identisch seien und seinen Philadelphoscharakter sicher stellten. Aber die Deutung dieser Rundbilder hängt natürlich ebenfalls von den Münzen ab und ist, nach der mir allein bekannten Erzbüste zu urteilen,[3] grade so precär, wie ihre Identifizierung mit dem Gemmenkopf.

Für Alexander können wenigstens die schräge Stirn- und Nasenlinie mit dem oben vorquellenden Haar, der Aufblick des grossgeöffneten Auges, die langen Nackenlocken und der ganze jugendlich-feurige Charakter geltend gemacht werden.[4] Auch der Helm, den wir schon bei dem Alexanderkopf des Sophytes finden (abg. Imhoof Portr. VI. No. 25), scheint ein passenderes Abzeichen für den Welteroberer als für den kunst- und luxusliebenden Ptolemaeer, der so wenig wie einer seiner Nachfolger je mit dieser Kopfbedeckung auf den Münzen vorkommt. Die übrigen Züge und Beigaben des Kopfes, Wangenflaum, Schlange, Aegis sind für die Deutung ohne wesentlichen Belang, weil sie ebensogut bei Philadelphos wie bei

[1] Vgl. den Kopf der Tetradrachme auf unserer Taf. VIII. 3, welcher als Porträt den conventionellen mit Arsinoë gruppierten Köpfen jedenfalls vorzuziehen. Verhältnismässig gute Bildnisse sind ferner das der Hunterian Collection bei Poole Cat. of greec coins, Ptolem. pl. 32. 5; das bei Imhoof Porträtköpfe Taf. VIII. 2, vergrössert bei Ujfalvy p. 183; das bei Six Röm. Mitt. 18. 1903. p. 217.

[2] Comp. e de Petra Villa Erc. IX. 4.

[3] Ogleich auch Six beistimmt (Röm. Mitt. 18. p. 217).

[4] Die realistische Form der ἀναστολή der Azaraherme und ihren verschleierten Blick (Schreiber Stud. p. 200) darf man natürlich bei dem heroisierten König nicht suchen.

Alexander eine Erklärung finden. Wangenflaum und Aegis kommen bei Philadelphos auf den Münzen, bei Alexander auf Rundwerken (capitolinischer Kopf, Berliner Bronze) vor. Das Emblem der geflügelten Schlange kann entweder auf den Traum des Olympias[1] und die Legende von Alexanders übernatürlicher Geburt, oder auf die eleusinischen Mysterien (Schlangenwagen des Triptolemos), deren Feier Philadelphos in Aegypten eingeführt hatte,[2] bezogen werden.

Indes Eines allerdings würde sich bei Philadelphos besser erklären als bei Alexander, die Zusammenstellung mit dem weiblichen Kopf. Philadelphos war in zweiter Ehe mit seiner Schwester Arsinoë, der früheren Gemahlin des Lysimachos, verheiratet, und ihre Bildnisse erscheinen auf den Münzen in gleicher Weise gepaart wie die der Gemme. Schon zu Lebzeiten war ihnen zu Ehren der Kult der Θεοὶ ἀδελφοί gestiftet worden. Es läge ausserordentlich nahe, die Doppelbildnisse der Münzen mit dem der Gemme zu identifizieren und beide als eine posthume Verherrlichung des Königspaars zu fassen. – Bei Alexander ist die Sache viel schwieriger. Unter der Frau muss entweder seine Mutter Olympias oder seine baktrische Gemahlin Roxane verstanden sein; den jugendlichen Zügen nach, sollte man meinen, die letztere. Doch dürften griechische Künstler oder Auftraggeber schwerlich die asiatische Fürstentochter in dieser Weise ebenbürtig neben Alexander gestellt haben. Dazu ist der Stein aller Wahrscheinlichkeit nach in Aegypten geschnitten, wo zwar Alexander neben den Königen die gleiche Verehrung genoss, wo aber weder seine Mutter noch seine Gemahlin irgendwelche persönliche oder gar dynastische Traditionen hinterlassen hatten. Endlich trägt der Kopf den Lorbeerkranz, das Zeichen der Apotheose, eine Ehre, die unseres Wissens keiner von beiden zu Teil geworden.

Diese sachlichen Schwierigkeiten scheinen der Deutung auf Alexander beinahe in gleichem Masse entgegenzustehen, wie die physiognomischen der auf Philadelphos, und scheinen darauf hinzuweisen, dass auch damit die richtige Lösung noch nicht gefunden sei. Aber ist dann überhaupt Hoffnung oder Aussicht vorhanden, dass es noch einmal geschehe? Münzen und verwandte Denkmäler und Geschichte sind seit mehr als einem Jahrhundert gründlich zu diesem Zweck durchforscht worden und haben immer wieder zu

[1] Plut. Alex. 2. 3.

[2] Vgl. Schreiber Stud. p. 200.

der Alternative Alexander-Philadelphos zurückgeführt. Ich gestehe, dass ich mir von weiteren Vorschlägen, die voraussichtlich nur auf der zufälligen Ähnlichkeit dieser oder jener Münze beruhen, nicht viel verspreche, und dass ich das Heil nicht sowohl von einer neuen Hypothese als davon erwarte, dass die vermeintlichen Schwierigkeiten der Alexanderdeutung doch noch überwunden werden können. Der Cameo Gonzaga und der wahrscheinlich das gleiche Paar darstellende Wiener Stein sind so seltene und man kann sagen einzigartige Denkmäler, dass man a priori auch eine entsprechende Persönlichkeit auf ihnen vermuten möchte. Eigentliche Incompatibilitäten, wie bei Philadelphos die offenbare Verschiedenheit des Porträts, sind bei Alexander keine vorhanden. Für die Zusammenstellung mit Olympias könnte ein spezieller, uns unbekannter Grund vorgelegen haben. Der Lorbeerkranz könnte ihr gegeben sein, weil die vergötterte Darstellung des Sohnes auch die der Mutter nach sich zog. Und für ihre Jugendlichkeit hätten wir eine schlagende Analogie an der Florentiner Gemme mit den Bildnissen des Tiberius und der Livia (abgeb. in m. Röm. Ikonogr. II. 1. Taf. 27. 8), wo so wenig wie hier ein Altersunterschied zwischen beiden sichtbar ist. Ich kann nicht umhin, die Deutung auf Alexander und Olympias mit Furtwängler für die plausibelste von allen vorgeschlagenen zu halten.

2. Der Cameo in Wien, 115 auf 113 Millim. gross, etwas kleiner als der Petersburger, aber in der Arbeit noch vorzüglicher (abgeb. Taf. VIII. 1),[1] zeigt ein ganz ähnliches Bild wie jener. Der König unbärtig, mit rundem Helm, der hier mit Wangenklappen und Stirnschild versehen ist. Als Helmzeichen figuriert wieder eine bärtige (diesmal ungeflügelte) Schlange, ausserdem ein Blitzbündel und ein Ammonskopf. Die Frau trägt ein haubenartiges Diadem und einen Schleier. Beide ohne Lorbeerkranz. – Die Darstellung hat in Costüm und Auffassung, und selbst in den Physiognomieen so viel Verwandtes mit dem Gegenstand des Petersburger Steins, dass die Erklärer von jeher geneigt waren, Personengleichheit anzunehmen. Auf Gleichheit weist schon die bei Doppelbildnissen seltene Behelmung des männlichen Kopfes, mehr noch das lange Lockenhaar desselben und das wiederkehrende Helmzeichen der Schlange. Der Flaumbart des Petersburger, die Wangenklappen des Wiener

[1] Rob. von Schneider Album der Antikensammlung des allerh. Kaiserhauses Tf. 39; Furtwängler a. a. O. Tf. 53. 1 mit weiterer Litteratur.

sind keine schwer wiegenden Unterschiede. Eher könnte man an dem Stirnschmuck und Schleier des einen weiblichen Kopfes Anstoss nehmen und daran, dass nicht beide Paare bekränzt. Aber das letztere bedingt keine Verschiedenheit der Person, sondern bezeichnet nur die menschliche oder göttliche Auffassung.

Nun überwog bisher beim Wiener Stein entschieden die Beziehung auf Philadelphos (Eckhel, Visconti, O. Müller, Rob. von Schneider, Schreiber) und sie hatte hier insofern eine etwas grössere Berechtigung, als wenigstens die Fettigkeit des Unterkinns dem Münzporträt desselben einigermassen entsprach, und andererseits den Abstand vom Alexandertypus grösser erscheinen liess. Zugleich bot sie, wie schon oben bemerkt, den Vorteil einer sehr einfachen Erklärung der Gruppierung mit einem weiblichen Kopf, ja sogar des Typenunterschieds der beiden weiblichen Köpfe — entweder die erste und die zweite Arsinoë (Visconti p. 308f.) oder die zweite Arsinoë vor und nach der Apotheose (Schreiber p. 198) —, obgleich immerhin zu bemerken, dass die Analogie des Doppelporträts auf den Münzen eigentlich nur dann eine grössere Beweiskraft hätte, wenn der König dort ebenfalls behelmt wäre.

Aber durch all das wird die Tatsache nicht umgestossen, dass das Bildnis im Ganzen dem der Lysimachosmünzen näher steht als dem des Philadelphos. Und wenn nun vollends die Personen die gleichen sind wie auf dem Cameo Gonzaga, so wird man schliesslich auch hier der Alexanderdeutung den Vorzug geben müssen. Dass die Vortrefflichkeit der Arbeit auf die Zeit der ersten Ptolemaeer und das Haubenornament des weiblichen Kopfes auf alexandrinische Kunst weist,[1] fällt für die Entscheidung nicht ins Gewicht. In der Glanzperiode der Ptolemaeer stand der Alexanderkult auf der gleichen Höhe wie der der Könige.

3. Ein drittes Doppelbildnis mit behelmtem männlichem Kopf, 56 auf 39 Mill., dieses allerdings von mässigem Kunstwert, befindet sich auf einer Paste im Antiquarium zu **Berlin** (abgeb. Taf. IX. 2).[2] Es unterscheidet sich von den vorigen wesentlich dadurch, dass die Crista des Helmes aus einem Adlerbalg besteht, während die Verzierung mit der Schlange weggeblieben ist. Da diese Embleme schwerlich als willkürliche Decorationen betrachtet werden dürfen, so wird man Bedenken tragen, hier (mit Furtwängler) ebenfalls die

[1] Schreiber Sächs. Abh. Bd. 14. p. 429f.

[2] Furtw. Beschr. der geschn. Steine in Berlin Tf. 65. n. 11057.

gleichen Personen zu erkennen, es müssten denn besondere, ausserhalb liegende Gründe dazu veranlassen. Der Adler mit dem Blitz in den Krallen bildet den gewöhnlichen Revers der Ptolemaeermünzen, ist also gleichsam das Königswappen der Dynastie (obgleich es auch bei den späteren Königen von Syrien vorkommt). Hier scheint daher in der Tat die Beziehung auf einen Ptolemaeer begründet zu sein, ohne dass daraus eine Verbindlichkeit für die Deutung der beiden vorigen Gemmen abgeleitet werden dürfte. Der Helm wäre ihm bloss gegeben, um als Folie für das Wappen zu dienen. Beide Köpfe sind mit dem Lorbeerkranz geschmückt.

Nicht unwahrscheinlich dagegen wieder Alexander der mit Athena gruppierte behelmte Kopf auf dem Sardonyx der Bibliothèque nationale in Paris, Chab. No. 164 (abgeb. Babelon Cat. d. cam. pl. 22. No. 226),[1] 6 auf $6^1/_2$ Cent. gross. Der Stein ist aber so retouchiert, dass in physiognomischer Beziehung kein Urteil mehr möglich ist. Beide Köpfe haben fast das gleiche Profil.[2]

Nennenswerte Gemmen mit behelmten Einzelköpfen Alexanders sind mir keine bekannt. Fälschlich werden auf ihn bezogen:

Der früher sog. Lysimachos auf dem Sardonyx der Bibliothèque nationale, Chab. No. 163 (abgeb. Babelon Cat. d. cam. pl. 21. 221)[3] mit dem Helmzeichen eines schreitenden Löwen; ohne Crista. Wahrscheinlich dieselbe Person wie der Kopf mit dem Ammonshorn ebenda, Chab. 154 (oben p. 124).

Der Idealkopf auf einem Sardonyx, der 1862 durch Schenkung des Duc de Luynes in die Bibliothèque nationale kam (publ. von Chabouillet in der Gaz. arch. 1885. pl. 42. p. 396),[4] mit rein griechischem Profil ohne Vorwölbung der Stirn, das Kinn nach unten gerundet. Von den Haaren treten nur einige krause Löckchen an den Schläfen hervor; an den Wangen ein Bartflaum. Wahrscheinlich ein älterer Arestypus[5]. 7 auf 7,4 Cent. gross.

[1] Lenormant Trés. Rois grecs pl. XIV. A; Köpp Alex. d. Gr. p. 21; Phot. Giraudon B. 390.

[2] Über die Zusammenstellung Alexanders mit Athena s. Schreiber Stud. p. 205.

[3] Visconti Icon. gr. II. Tf. 5. n. 10; Köpp Alex. d. Gr. p. 19. n. 17; vergrössert bei Ujfalvy p. 139. Fig. 44.

[4] Als Seleukos Nikator bei Babelon Cat. des Cam. pl. 22, 227.

[5] Vgl. den ähnlichen Marmorkopf im Louvre Cat. somm. n. 931 (abgeb. Furtwängler Meisterw. Tf. VI) und den Kopf einer Statue in V. Albani (Arndt-Am. Einzelv. 1100).

Ebenfalls wohl Ares die clypeusartige Büste mit korinthischem Helm auf dem Agat der Bibl. nationale, Chab. No. 158 (abgeb. Babelon Cat. d. cam. pl. 21. 220).[1] Das krausgelockte Haar macht die Beziehung auf Alexander unmöglich. 8 auf 9 Cent. gross.

c. Alexander in ganzer Figur.

Karneol-Cameo des Neisos in Petersburg (abgeb. Taf. VIII. 2; Furtw. Jahrb. III. Taf. 11. No. 26)[2]: Ein nackter unbärtiger Mann von porträtartiger Physiognomie, das lockige Haar von einem Diadem umwunden, in der emporgehobenen Rechten den Blitz, in der gesenkten Linken Schwert, Schild und Aegis, zu seinen Füssen ein Adler. Statt der früheren Deutung auf Augustus, für den schon die Binde nicht passt, gilt jetzt die auf Alexander für die wahrscheinlichste, wobei natürlich an eine Copie nach dem Bilde des Apelles in Ephesos[3] gedacht wird. King hatte dies zuerst als Vermutung ausgesprochen, Furtwängler näher begründet; Schreiber betrachtet es bereits als ein sicheres Ergebnis. Allerdings weist das Diadem einerseits und weisen die vereinigten menschlichen und göttlichen Attribute andererseits auf einen heroisierten König. Indessen mutet das Porträt nicht speziell alexanderartig an; namentlich nicht das sonst so charakteristische, hier kürzere und ruhiger geordnete Haar. Und wenn der Alexander des Apelles wie hier ausser dem Blitz noch das seltene Attribut der Aegis trug und einen Adler zu seinen Füssen hatte, so würde man selbst bei kurzer Angabe der Darstellung erwartet haben, dass er nicht einfach nach dem Blitz, sondern nach seiner ganzen Auffassung als Zeus bezeichnet worden wäre. Aber schon der Gedanke an sich, den Alexander unter dieser Gestalt darzustellen, erscheint für Apelles etwas verfrüht; da die eigentliche Vergötterung doch erst später fällt und schwerlich von Athen ausgieng.[4] Ich bin daher der Meinung, dass die Deutungsfrage noch nicht abgeschlossen, und dass auch anderweitigen Vermutungen noch Raum gestattet ist. Zu Ptolemaeos Soter, der,[5] von Elefanten gezogen, ähnlich auf einer Münze erscheint (abgeb. Imhoof Monn. grecques pl. J. 11), will das

[1] Köpp Alex. d. Gr. p. 18; Ujfalvy p. 142. Vgl. Schreiber Stud. p. 202.
[2] Ders. Die ant. Gemmen 32. 11; Schreiber Stud. p. 206. Vgl. Jahrb. IV. p. 67.
[3] Overb. Schriftquellen 1875ff; oben p. 13.
[4] Vgl. Petersen in den Röm. Mitt. XV. p. 162.
[5] Nach Schreibers wohl richtiger Annahme (Stud. pl. 174. 38).

Porträt freilich noch weniger stimmen als zu Alexander. Aber vielleicht Seleukos Nikator (Wolters)[1] oder Demetrios Poliorketes?

Nicolo in München, Privatbes. (abg. Furtw. Die ant. Gemmen Taf. 64. No. 69)[2]: Nackte Figur mit langgelocktem Haar, das rechte Bein auf eine Erhöhung gesetzt, in dieser Beziehung an die rondaninische Statue erinnernd. Aber der linke Arm ist mit einem darum geschlungenen Gewandstück auf den Rücken, der rechte mit einem Speer ausruhend auf den Schenkel gelegt; die rechte Schulter gesenkt, der Kopf leicht in den Nacken geworfen, vor der Figur ein Helm auf einer Säule. Wenn daher auch die Haartracht, die Nacktheit und die Waffen auf Alexander deuten, so scheint das Motiv doch wesentlich von dem der rondaninischen Statue verschieden.

Karneol mit Jagddarstellung, von A. Evans in London entdeckt (publ. von Perdrizet im Journal of hell. Stud. XIX. 1899. Taf. XI. Fig. 3, p. 273)[3]: Ein Löwe, der einen nackten aufs Knie gesunkenen Krieger anfällt; hinter ihnen ein Reiter, der im Begriff ist, den Löwen mit der Lanze niederzustossen. Perdrizet fasst diese Darstellung, wie wir glauben mit Unrecht, als Nachklang des Bronzewerks, das der jüngere Krateros von Lysippos und Leochares für Delphi arbeiten liess (s. unten).

Resumé.

Das materielle Ergebnis unserer Untersuchungen und Beurteilungen kann leider nicht als ein glänzendes bezeichnet werden. Trotz dem seltenen Glücksfall, dass wir ein beglaubigtes lebenstreues Bildnis Alexanders aus seinen letzten Lebensjahren besitzen, gelangen wir damit zu keinen sicheren Resultaten, weil, abgesehen von einem ikonisch ganz unzuverlässigen Mosaikbild, fast ausschliesslich nur spätere Idealisierungen erhalten sind, die meist auf Jugendbildnisse zurückgehen und eigentlich gar nicht an jenem gemessen werden können. Möglich, dass ein Kopf des Louvre von ungefähr gleicher Haaranlage (p. 26), an dem aber das ganze Gesicht ergänzt ist, und eine ebenda befindliche kleine Bronze mit durch Oxydation zerstörten

[1] Athen. Mitt. XX. 1895. p. 511.
[2] Vergrössert Schreiber Stud. p. 208.
[3] Furtwängler Die ant. Gemmen I Taf. 31. 21.

Zügen (p. 102) denselben Typus wie die Azaraherme repräsentierten; sonst ist von einigermassen realistischen Bildnissen nur noch der jugendliche Kopf in Dresden (Taf. IV.) zu nennen, bei dem wenigstens die Vorderansicht den Eindruck der Gleichheit macht. Unter den Idealporträts aber scheint keines so viel überzeugende Ähnlichkeit mit dem lebendigen Urbild bewahrt zu haben, dass es bedingungslos dem Alexander zugeschrieben werden dürfte.

Zu den wahrscheinlichsten Darstellungen gehören der Alexander Rondanini in München (p. 45), an den sich vielleicht als schwülstige Weiterbildung der Kopf in Chatsworth (p. 52) anschliesst, und sodann die pathetischen Köpfe in London (Taf. VI.) und im Capitol (Taf. VII) und in schwer zu erklärendem Verhältniss zu letzterem der Kopf in Boston (p. 70f.). – Etwas weniger sicher die Jugendbildnisse in Athen, Berlin, Erbach (p. 39ff.) und das Sieglin'sche Köpfchen in Stuttgart (p. 38, 39), jene mit Anklängen an die Azaraherme, dieses mit solchen an die Lysimachosmünzen. — Ganz zweifelhaft der Kopf von Pergamon in Constantinopel (p. 80f.), der in der Sammlung Barracco (p. 78f.) und der in Kopenhagen (p. 80f.), sowie die Statue von Magnesia (p. 53ff.).

Ziemlich gut begründet, weil durch das Körpermotiv oder durch Attribute unterstützt, erscheint dagegen wieder die Alexanderbedeutung der Statuette von Gabii (p. 83), die wohl auch die der behelmten Köpfe in Madrid und im Louvre (p. 84f.) nach sich zieht; ferner die der nackten kleinen Bronze im Louvre (p. 102), der gepanzerten in Paris (p. 114 unten) und in London (p. 115), der aegisbekleideten in Berlin (p. 113), der thronenden von Rheims in der Bibliothèque nationale zu Paris (p. 117). — Auch die kleine Bronze in Parma (p. 108), die halblebensgrosse in München (p. 105) und die Reiterstatuette in Neapel (p. 98ff.) dürfen trotz manchen Bedenken noch keineswegs definitiv aus der Liste gestrichen werden.

Ungefähr denselben Wahrscheinlichkeitsgrad endlich wie den Jugendbildnissen in Athen-Erbach und in Stuttgart wird man den beiden behelmten Köpfen auf den grossen Gemmen in Petersburg (Taf. IX) und in Wien (Taf. VIII. 1), zuschreiben müssen. Die Figur auf der Gemme des Neisos (ib. 2) kann ebensogut einer der nachfolgenden Könige sein.

Auf dieser Grundlage oder, um es allgemeiner auszudrücken, auf der Grundlage der bis jetzt als wahrscheinlich nachzuweisenden Alexanderbildnisse, eine auch nur halbwegs begründete Entwicklungsgeschichte derselben aufbauen zu wollen, halte ich einstweilen nicht für möglich. Es klaffen überall zu viele Lücken und das scheinbar Erwiesene ist Alles zu unsicher und zu bedingt. Wenn in dem entsprechenden Versuch von Schreiber[1] manches Gute und Bleibende enthalten ist, so beruht es nicht sowohl auf den von ihm identificierten Bildnissen, welche im Gegenteil häufig irre führen, als auf der Verwertung und Combination der sonstigen historischen und kunsthistorischen Überlieferungen. Ich schliesse mich ihm an im Ausdruck der Hoffnung, dass durch neue Funde die schwankende Grundlage gefestigt werden möge. Aber zunächst sehe ich die einzige Möglichkeit des Fortschritts in der allseitigen Aussprache der Urteilsfähigen, die vielleicht doch mit der Zeit zu einer gewissen Einigung führt.

[1] Studien Cap. XVII. p. 211 ff.

Beziehungen auf überlieferte Bildnisse oder Denkmäler.

Unter den überlieferten Darstellungen Alexanders, auf die event. eines oder das andere der erhaltenen Denkmäler bezogen werden kann, treten besonders die Goldelfenbeingruppe des Leochares in Olympia und der Alexander des Lysippos mit der Lanze hervor. Daneben etwa noch die Löwenjagd von Lysipp und Leochares in Delphi, die Reitergruppe des Lysipp zum Andenken an die Schlacht am Granikos, der Zeus ähnliche Alexander zu Olympia und die Statue des Chaereas. Von dem blitztragenden Alexander des Apelles wird man höchstens Reminiscenzen, keine Nachbildungen erwarten dürfen.

Über die Reitergruppe des Lysipp ist bereits bei der Besprechung der pompejanischen Bronze (oben p. 100f.) das Nötige gesagt worden, so dass sie hier in Wegfall kommen kann. Die andern Alexanderdenkmäler mögen noch einmal einem diesbezüglichen Rückblick unterworfen werden.

Die Goldelfenbeinstatue des Leochares.

Nach der Schlacht bei Chaeronea war Leochares beauftragt worden, den König Philippos und seine Familie aus Gold und Elfenbein für den eigens dazu hergerichteten Bau in Olympia (das Philippeion) zu bilden. Zu den betreffenden Familiengliedern gehörten jedenfalls Alexander und Amyntas, der Vater Philipps,[1] wahrscheinlich aber auch Olympias und Euridike, die Gattin und die Mutter

[1] Paus. V. 20. 9.

desselben.[1] Von diesem Denkmal sind bekanntlich die verschiedenen Basen wieder aufgefunden worden. Aus ihnen glaubt Treu[2] entnehmen zu können, dass das Ganze eine bogenförmige Grundfläche hatte und dass alle Figuren stehend und nicht über Lebensgrösse dargestellt waren, in der Mitte Philipp, rechts und links Alexander und Amyntas, zu äusserst Olympias und Euridike. — Wenn Philipp wirklich der Stifter war, wie Pausanias sagt, so muss der Bau samt dem Entwurf der darin aufgestellten Gruppe vor das Jahr 336 (Philipps Tod) fallen, also etwa ins 19. Altersjahr seines Sohnes. Damals weilte Alexander geraume Zeit in Athen, wo Leochares vermutlich sein Atelier hatte und wo die Modelle für das Denkmal aufgenommen werden konnten. Die Ausführung in Gold und Elfenbein mag freilich eine längere Zeit als nur ein Jahr erfordert haben.[3] Auch hätte Philipp selber gewiss nicht seine mit ihm zerfallene Gemahlin Olympias statt der eben geheirateten Kleopatra in der Familiengruppe bilden lassen; dies geschah sicher erst unter und durch Alexander. Aber die für die anderen Bildnisse nötigen Vorstudien und Modelle schlossen sich ohne Zweifel unmittelbar der Stiftung an, und diese allein konnten dann auch für die Wiederholungen in Marmor verwendet werden; denn Gold- und Elfenbeinwerke gestatteten natürlich keine mechanischen Nachbildungen.

Dem Alter und dem Stil nach kommen nun von den mit mehr oder weniger Recht auf Alexander gedeuteten Bildnissen am ehesten die rondaninische Statue in München (Köpp), der Erbacher Typus (Stark), der Kopf des brit. Museums (Klein) und wenn es Alexander, der Kopf Barracco (Helbig) für den 19jährigen Königssohn der Philippeiongruppe in Betracht.

Davon dürfte indes die rondaninische Statue schon ihrer Nacktheit wegen aus der Concurrenz wegfallen, indem die Goldelfenbeinfiguren aus Gründen der Technik wahrscheinlich samt und sonders bekleidet waren.[4] Nackte Statuen wurden in Elfenbein gewiss nur ausnahmsweise oder in kleinerem Masse gebildet. Hauser meint auch[5], der rondaninische Alexander würde seines eigentümlichen Standes wegen einen breiteren Basisblock erfordert haben, als

[1] Vgl. Brunn-Künstlergesch. I. p. 389.
[2] Arch. Ztg. 1882. p. 68ff.
[3] Ad. Bötticher Olympia. p. 343.
[4] Hauser bei Arndt Portr. 186; Helbig Mon. Lincei VI. p. 80. 2.
[5] A. a. O.

der an Ort und Stelle aufgefundene. Darüber kann ich nicht urteilen; aber jedenfalls würde er eine bei Bildnisstatuen ungewöhnliche Composition voraussetzen, wie wir sie kaum mit den fünf von einander getrennten Plinthen in Einklang bringen können. Wenn es mit der Reconstruktion der halbkreisförmigen Basis seine Richtigkeit hat, so folgt daraus fast notwendig, dass jede der fünf Statuen, wie sie ihre besondere Plinthe hatte, ein abgeschlossenes Werk für sich bildete, ohne äussere Beziehung zu den Nebenstatuen. – Und dieser letztere Grund ist auch massgebend, um die Köpfe des brit. Museums und der Sammlung Barracco von der Anwartschaft auf die Gruppe auszuschliessen; auch ihnen fehlt die Abgeschlossenheit und der beziehungslose Porträtcharakter. Die Statuen, denen sie event. angehört haben, waren wie das Original des capitolinischen Kopfes in einer bestimmten Situation oder einer bestimmten pathetischen Stimmung aufgefasst. Wie sollte man sich den schwärmerischen, fast verzückten Ausdruck des Londoner oder die starke Bewegung des Barracco-Kopfes bei dem Alexander des Philippeion erklären?

Ein ausschliesslich ethisches Porträt dagegen und eines, das, so viel man aus dem blossen Kopfe entnehmen kann, nur Porträt sein will, liegt dem Erbacher Typus zu Grunde, dessen originalste Gestalt uns in dem athenischen Kopf erhalten ist. Und dass dieser nicht von Lysippos, wohl aber aller Wahrscheinlichkeit nach von einem attischen Meister herrührt, dürfte nach den oben gegebenen Ausführungen kaum bezweifelt werden. Wenn daher die Deutung auf Alexander richtig, und wenn überhaupt eines der vier genannten Denkmäler auf das Werk des Laochares Anspruch machen kann, so wäre es dieses.

Neuerdings ist als fünfter Kandidat auch noch die sehr bestrittene Statue von Magnesia aufgestellt worden.[1] Wir haben gegen die Zeit- und Stilbestimmung, dass es das Werk eines attischen Künstlers aus der zweiten Hälfte des 4. Jahrhunderts, nichts einzuwenden, und wenn das Schwert in der Linken sich bewahrheiten sollte, wird man auch ferner mit der Wiegand'schen Deutung rechnen müssen. Doch m. E. ohne die Waldhauer'schen „Repliken", die, wenn es wirklich solche wären, zwar für die Berühmtheit der Person, aber keineswegs für ihre Alexanderbedeutung sprächen. Im Übrigen argumentiert Waldhauer zum Teil sonderbar. Nach Hauser, sagt er,

[1] S. Waldhauer Über einige Portr. p. 47ff.

müsse Alexander bekleidet gewesen sein, das passe vorzüglich zum Alexander von Magnesia. Ich denke, Hauser wollte mit seiner Bemerkung sagen, dass man es in der Chryselephantinplastik im Allgemeinen vermied, nackte Körper darzustellen. Inwiefern soll da die Magnesiastatue mit ihrem nackten Oberleib besonders passen? Allerdings, und darin hat Waldhauer ganz recht, wirkt das den Unterkörper verhüllende Gewand bei einem Porträt des 4. Jahrhunderts, zumal wenn es der 19jährige Alexander sein sollte, sehr befremdend. Es nimmt ihm die Jugendlichkeit, giebt ihm etwas Männliches, fast Ehrwürdiges. Aber das ist nicht dadurch zu erklären, dass der Goldelfenbein-Künstler auf diese Weise um die nackten Beine herum kommen wollte, sondern einfach dadurch, dass hier gar nicht die Statue des Leochares gemeint ist: der jugendliche Sieger von Chaeronea wird vielmehr im Panzer dargestellt gewesen sein.

Wenn also diese Hypothese kaum einen Fortschritt bezeichnet, so lässt sich nicht läugnen, dass auch die Rückführung des Erbacher Typus auf den Alexander des Philippeion äusserst schwach und eigentlich nur negativ begründet ist, insofern er nichts aufweist, was direkt dagegen spricht. Nach einer positiven Handhabe suchen wir überall vergebens; über das Motiv wissen wir gar nichts und über den. Stil des Leochares haben wir bloss Vermutungen.

Dazu kommt endlich noch eines, was bei dieser Frage zu beachten ist. Es liegt in der Natur der Sache, dass von Goldelfenbeinstatuen keine unmittelbaren Nachbildungen gemacht werden konnten, sondern dass man zu diesem Zweck auf das tönerne (?) Originalmodell zurückgreifen musste. Der Wunsch oder das Bedürfniss nach Wiederholungen des Alexanderbildnisses im Philippeion ist aber wahrscheinlich erst geraume Zeit nach der Aufstellung entstanden, und es ist sehr wohl möglich, dass dann die Modelle dazu gar nicht mehr vorhanden waren. Jedenfalls weist weder der athenische Kopf noch, soviel wir urteilen können, irgend ein anderes Alexanderbildnis auf die präsumtive Technik der Goldelfenbein-Kunst hin. Es fragt sich daher, ob es nicht eine ganz überflüssige Mühe, nach monumentalen Spuren der Philippeiongruppe zu forschen.[1]

[1] Vgl. Schreiber Stud. p. 62. Anm. 9.

Alexander mit der Lanze.

Lysippos bildete bekanntlich, wie Plutarch berichtet, eine Erzstatue des Alexander mit der Lanze und tadelte den Apelles, dass er in seinem Gemälde dem König eher den Blitz in die Hand gegeben habe statt dieses den Welteroberer bezeichnenden Attributs[1]. Es war ohne Zweifel eine abgeschlossene Einzelfigur, nicht beritten oder einem fingierten Feind gegenüber wie die pompejanische Bronze und auch nicht thronend wie die Bronze von Rheims, sondern ruhig stehend oder in Schrittstellung, die Lanze scepterartig aufgestützt, nach welch letzterem Motiv sie denn auch kurzweg benannt wurde: Ὁ ἐπὶ τῆς αἰχμῆς προσαγορευόμενος.[2] Bei einer berittenen konnte die Lanze nicht das dominierende Motiv sein, und eine thronende hätte, wie Petersen mit Recht bemerkt,[3] nicht den kühnen herausfordernden Charakter haben können, den ihr der Dichter der Anthologie zuschreibt (oben p. 12). Der Lanze kann ein Helm auf dem Haupte entsprochen haben, vielleicht auch ein Schwert in der anderen Hand und ein Schild zu den Füssen, wie auf der Gemme des Neisos. Da die Statue indes bloss nach der Lanze bezeichnet wurde, so ist es eben so wahrscheinlich, dass sich die Bewaffnung auf dieses eine Stück beschränkte. Im Übrigen ist nach der ganzen Kunstrichtung des Lysippos und nach seinem Charakter als Erzbildner durchaus Nacktheit vorauszusetzen.

Was für erhaltene Darstellungen kommen nun am ehesten als Nachbildungen hierfür in Betracht? — Wenn wir die bisherigen Hypothesen betrachten, so betreffen sie namentlich ein paar kleine Bronzen, darunter die des Herrn von Nelidow in Petersburg (Wulff), die aus Ägypten stammende im Louvre (Winter), die gepanzerte mit dem aufgestellten Fuss im brit. Museum (Murray), ausserdem die behelmte Marmorstatuette von Gabii im Louvre (Overbeck). Auch für die rondaninische Statue und sogar für die capitolinische Büste haben sich Stimmen erhoben.

Den eindringlichsten und absolutesten Verfechter hat in dieser

[1] Εὖ Λύσιππος ὁ πλάστης Ἀπελλῆν ἐμέμψατο τὸν ζωγράφον, ὅτι τὴν Ἀλεξάνδρου γράφων εἰκόνα κεραυνὸν ἐνεχείρισεν, αὐτὸς δὲ λόγχην, ἧς τὴν δόξαν οὐδὲ εἷς ἀφαιρήσεται χρόνος ἀληθινὴν καὶ ἰδίαν οὖσαν. Plut. De Is. et Osir. 24.

[2] Plut. De Alex. fort. seu virt. 3.

[3] Röm. Mitt. 15. p. 163.

Beziehung die Bronze Nelidow gefunden, der von O. Wulff eine besondere gelehrte und alle Momente berücksichtigende Monographie gewidmet worden ist, in welcher ihre Rückführung auf die Statue des Lysipp begründet wird. Der Typus sei der des Alexander, der Stil der des Lysipp, das Motiv das überlieferte Aufstützen der Lanze. In der Tat, wenn diese drei Thesen bewiesen, so wäre kaum mehr ein Zweifel an der Identifizierung möglich. Meines Erachtens ist aber bei keiner der dreien der Beweis weiter als bis zur Möglichkeit geführt worden, und ist bei allen dreien die Möglichkeit sehr unwahrscheinlich. – Wie zweifelhaft der Kopftypus, ist schon oben auseinandergesetzt worden. Weder Haarwuchs noch Profil weisen in ihrem jetzigen verstümmelten und verwaschenen Zustand direkt auf Alexander. Es kann sein, dass ursprünglich eine grössere Ähnlichkeit bestand, dass die mittlere Stirnlocke gesträubt und der das Gesicht umgebende Haarkranz etwas ausladender war; aber aus dem Vorhandenen lässt sich dies nicht mit Sicherheit ableiten. Die horizontal laufenden Brauen sind den sonstigen Alexanderköpfen fremd. Eine ganze Anzahl von kleinen Bronzen, welche in der Person offenbar von der Nelidow'schen verschieden, haben ihrem Typus nach viel mehr Recht, auf Alexander bezogen zu werden.[1] Bei der Nelidow'schen können mehr nur die Wendung des Kopfes nach links, die leichte Hebung und, wenn man will, der starke Hals für ihn geltend gemacht werden. Sie liefern, wie schon bemerkt, eine schwache Möglichkeit und nicht mehr. Grosses Gewicht legt sodann Wulff auf den angeblich lysippischen Charakter der Körperformen, auf die Leichtigkeit und Freiheit der Haltung, auf die Beweglichkeit der contrastierenden Glieder, die staunenswerte Naturwahrheit, die doch nicht über die Grenze der Schönheit hinausgehe. Gewiss enthält seine Analyse manches Richtige und Zutreffende; aber im Ganzen bekommt man doch den Eindruck, dass die einzelnen lysippischen Züge mehr in das Kunstwerk hineingelegt als unbefangen aus ihm heraus entwickelt werden. Selbst das zur Unkenntlichkeit verwaschene Haar (p. 33) und die vom Apoxyomenos abweichenden Proportionen (p. 19ff.) sollen nach der künstlichen Interpretation des Verfassers lysippischen Charakter haben, obgleich dies bei einem Porträt nicht einmal verlangt würde. Hätte sich Wulff darauf beschränkt, die naturalistische Wahrheit der Körperformen und des Muskelspiels hervorzuheben, so hätte er wohl eben soviel bewiesen wie durch seine ganze detaillierte, aber

[1] Z. B. Fig. 31, Fig. 35, Fig. 38.

allzu sehr ins Gebiet der Phantasie schweifende Stilbetrachtung (p. 18–40). Die vielbewunderte Leichtigkeit und Freiheit der Haltung hat m. E. einen Nebengeschmack des Gezwungenen, den ich ungern dem Lysipp auf Rechnung schreiben möchte. Sollte dieser Künstler, der wie kein Anderer dem Adel der Erscheinung Alexanders gerecht zu werden wusste, ihn in seinem berühmtesten Bilde so athletenhaft herausfordernd, mit rückwärts gedrehter Schulter und eingestütztem Arm dargestellt haben? Man könnte es vielleicht mit dem Distichon der Anthologie begründen, das eine ähnliche theatralische Haltung vorauszusetzen scheint. Allein ich gestehe, lieber dem Epigammendichter eine über die Wahrheit hinausgehende ausschmückende Wendung als dem Lysipp eine der schönen Natürlichkeit widersprechende Pose zuschreiben zu wollen, um so mehr, da jene Wendung (εἰς Δία λεύσσων) eigentlich der Bronze gar nicht entspricht, dass also gar nicht mit ihr argumentiert werden kann. – Endlich das Motiv der aufgestützten Lanze, das offenbar den Anstoss zu der Deutung gegeben hat. Ist dasselbe wirklich als das einzig in Betracht kommende erwiesen? Beim ersten Anblick zweifelt man nicht daran. Zu was Anderem könnte die Hand mit den geschlossenen drei Fingern erhoben gewesen sein? Und doch kann auch hier nicht von vollkommener Sicherheit gesprochen werden, nach den Abbildungen bei Ujfalvy p. 111 und 113 nicht einmal von Wahrscheinlichkeit. Denn danach käme bei der Vorderansicht des Kopfes, welche wir als die Hauptansicht betrachten, die Lanze grade vor die Figur zu stehen, sie gleichsam schneidend. Indes sind diese Abbildungen nach einem Gipsabguss genommen, an dem die Biegung des Armes möglicher Weise etwas zu stark geraten. Auf den Abbildungen bei Wulff, denen das Bronzeoriginal zu Grunde liegt und von denen zwei bei uns wiedergegeben sind (oben p. 106f.), erscheint der Arm etwas gestreckter, so dass die Lanze event. nur den seitlichen Contour des Körpers schneidet. Aber auch dies wäre unschön und man muss schon einen anderen Standpunkt als die Vorderansicht des Kopfes (mehr von links her, Wulff Taf. I. 1.) wählen, um zu einem Liniencontour zu gelangen, bei dem Körper und Lanze auseinanderfallen. Nur fragt es sich, ob dann von diesem anderen Standpunkt die Statue selbst, die denn doch die Hauptsache ist, sich ebenso günstig präsentiert. Ich glaube nein. Meinem Gefühl nach würde das Gleichgewicht der Composition dann eher eine Bewegung des Kopfes nach rechts erfordern, wie beim Alexander Bala (Ujfalvy p. 110). Auch wird der Umstand, dass die Figur, wenn sie mit der

Lanze ergänzt wird, sich dieselbe fast direkt vor das Gesicht stellt, durch die Verschiebung des Standpunktes nicht geändert. Es ist und bleibt eine seltsame Haltung, für die mir keine Analogieen bekannt sind, und die bei dem lysippischen Alexander doppelt seltsam erscheinen muss. Wenn man gleichwohl an der Ergänzung mit der Lanze festhält, so wird man sich weniger auf ihre positive Plausibilität als eben nur darauf berufen dürfen, dass nichts Befriedigenderes gefunden werden kann. Das Emporhalten eines Schwertes oder eines Kranzes scheint an mangelhafter Motivierung, das eines göttlichen Attributs (des Beutels?) an dem ungöttlichen Kopftypus zu scheitern. Gründe und Gegengründe unbefangen gegen einander abgewogen, geben meines Erachtens ein ganz entschiedenes Deficit. Ich muss mich fast wundern, dass der Vorschlag trotzdem so vielen Anklang gefunden hat.[1]

Mit grösserem Recht, wie mir scheint, hat Winter die im Ausschritt begriffene Bronze des Louvre (abgeb. oben p. 102) hierhergezogen. Die Gesichtszüge zeigen den Alexandertypus viel prononcierter, die schlanken Körperformen lassen unwillkürlich an Lysippos, der ausgestreckte linke Arm an die Ergänzung mit der Lanze denken. Auch Wulff (p. 78) kann dies nicht bestreiten, aber er behauptet, dass die Wendung des Kopfes der plutarchischen Überlieferung widerspreche. Ich glaube, dass wenn man sich genau an die Worte Plutarchs hält – was ich freilich nicht für nötig erachte –, nur die Pariser Bronze, nicht die Nelidow'sche in Betracht kommen kann; nur jene zeigt die κλίσις τοῦ αὐχένος (oder τραχήλου) εἰς εὐώνυμον. Der Hauptgrund von Wulff gegen die Pariser Bronze liegt übrigens nicht in der Halswendung, sondern darin, dass in der Nelidow'schen Figur bereits ein Alexander mit der Lanze gegeben war,[2] ein Grund, den wir nach dem Vorigen nicht anerkennen können. – Wenn wir daher der Winter'schen, von Schreiber[3] stark unterstützten Hypothese vor jener anderen entschieden den Vorzug geben, so können wir doch auch hier ein paar Bedenken nicht ganz unterdrücken. Es will uns scheinen, als ob das Aufstützen der Lanze in einem gewissen Widerspruch zu dem bewegten, fast heftigen Vorschreiten stehe. Es ist

[1] So bei Helbig, Sauer, S. Reinach, Furtwängler, Michaelis. Verworfen wird er von Schreiber p. 105.

[2] Vgl. Wulff p. 78: „Nachdem wir aber einmal in der Nelidow'schen Statuette eine der Tradition vollkommen entsprechende Komposition erkannt haben etc."

[3] Stud. p. 103f.

nicht das majestätische Motiv, das Götter und Könige charakterisiert, und das immer mit einer verhältnissmässigen Ruhe verbunden ist. Im nächsten Augenblick muss die Lanze wieder aufgehoben und vorwärts gesetzt, oder aber geschultert werden wie vom Doryphoros. Sollte vielleicht doch der weitausgestreckte (linke!) Arm einen anderen Zweck gehabt haben als das Aufstützen einer Lanze? Und dann, ist es von keinem Belang, dass der Kopf an der Bronze einfach nach rechts gewandt ist, während Plutarch den lysippischen Alexander, wenn anders der mit der Lanze gemeint ist, zum Himmel emporblicken lässt? In Beziehung auf den Typus versichert Schreiber, dass bei genauerer Vergleichung, wie sie ihm zu Gebote stand, alle Grundzüge des Bildnisses denen der Azaraherme entsprächen und dass ohne Zweifel beide auf ein und dasselbe Vorbild zurückzuführen seien. Aber wenn auch die schlichte Wahrheit jener Herme bei einem reinen Porträt durchaus am Platze, und trotz ihrer Nüchternheit — es sei dies hier zugestanden — lysippisch mag gewesen sein, ist es ebenso wahrscheinlich, dass die Gesichtszüge der berühmten Statue in so hohem Masse den Stempel der gemeinen Wirklichkeit getragen haben, und dass bei der Umsetzung von der statuarischen in die Hermenform alle und jede Spur der physischen und seelischen Bewegung soll verwischt worden sein? Muss denn die Azaraherme notwendig von einer Statue entnommen sein? Macht sie nicht eher den Eindruck, dass sie von allem Anfang an als Bildnis und nur als solches gefasst und gearbeitet ist?

Die Nelidow'sche Bronze steht unsrer Ansicht nach den Deutungen anderer Denkmäler auf den Alexander mit der Lanze nicht im Wege, und die des Louvre höchstens insofern, als ihre Chancen noch gegen die einiger weiteren Figuren abgewogen werden müssen. Zu diesen gehört vielleicht bei richtiger Ergänzung die Statuette von Gabii (abgeb. p. 83). Wenn hier der sichere Rückhalt eines mit ihr zu identificierenden Alexanderbildnisses fehlt, so haben wir oben gesehen, dass der Helm, das Stirn- und Lockenhaar, der Aufblick und der ganze heroische Charakter einen nicht zu verachtenden Ersatz bilden, so dass die Alexanderbedeutung fast ebensogut begründet ist wie bei der Louvrebronze. Dazu wiederum der auf Lysipp weisende Stil (Körperstellung und Proportionen) und wenigstens die Möglichkeit, dass der rechte Arm vom Ellenbogen an aufwärts gebogen die Lanze gehalten. Allerdings möchte man bei einer Statue, die nach diesem Attribut bezeichnet wurde, ein höheres Aufstützen desselben voraussetzen,[1] und es ist dies unläugbar ein kleiner Haken, an dem die Beziehung auf den lysippischen Alexander zu scheitern droht. Aber der Haken ist nicht grösser als etwa der starke Ausschritt der Louvrebronze, über welche die gabinische Statuette den Aufblick und eventuell das rechtsseitige Aufstützen voraus hat. Die Wendung des Kopfes nach rechts können wir nicht mit Wulff (p. 77) als ein Hindernis betrachten. — Für ihre Deutung auf den Alexander mit der Lanze sind namentlich O. Müller und Overbeck eingetreten. Doch wird man im besten Fall mit Collingon nur einen späten Nachklang davon in ihr erkennen dürfen.[2]

Das Attribut der Lanze kommt tatsächlich noch bei manchen anderen auf Alexander gedeuteten Figuren vor oder darf als sicher einst vorhanden bei ihnen vorausgesetzt werden (Torso von Priene, Statue von Magnesia, nackte und gepanzerte Bronzen im brit. Museum u. a.); es liegt sogar nahe, auch bei blossen Köpfen, wenn sie ein pathetisches Bewegungsmotiv zeigen, auf eine derartige Ergänzung zu schliessen. Um indes ein Anrecht auf das Werk des Lysippos zu haben, muss zum mindesten der Stilcharakter des Künstlers oder das Motiv des Aufblicks hinzukommen; und ohne den Stilcharakter, der z. B. den zwei aufwärts blickenden Köpfen in Madrid und im Louvre fehlt, hat auch dieses letztere wenig Gewicht. Wir wüssten keine Denkmäler zu nennen, die auch nur entfernt die gleiche Wahrscheinlichkeit beanspruchen könnten wie die Pariser Bronze oder die Statuette von Gabii. Der capitolinische Kopf aber, den Furtwängler geneigt ist hierherzuziehen,[3] und der ja wohl eines grossen Meisters würdig wäre, geht schwerlich bis in die Lebzeiten des Lysippos zurück.

Für diejenigen, welche die Winter'sche Hypothese (Louvrebronze) acceptieren, die wesentlich auf der Übereinstimmung des Kopftypus der Bronze mit der Azaraherme basiert, ist dann natürlich auch der lysippische Charakter der letzteren keine Frage mehr. Immerhin erwächst ihnen die Aufgabe, sich mit den oben (p. 24f.) hervorgehobenen Schwierigkeiten oder Bedenken in plausibler Weise abzufinden.

[1] Vgl. Furtwängler Meisterwerke p. 597. 3.
[2] Coll. Hist. de la sculpt. gr. II. p. 436. Vgl. Furtwängler Meisterw. p. 520. 5.
[3] Berl. philol. Wochenschr. 1896. p. 1517; Journ. of hell. Stud. 1901. p. 213.

Alexander mit dem Blitz.

Das Seitenstück zur lysippischen Statue war der Alexander mit dem Blitz von Apelles im Artemision zu Ephesos (oben p. 13), als Kunstwerk vielleicht nicht auf der gleichen Höhe wie jener, weil die Stärke des jonischen Künstlers anderswo lag als in der höfischen Porträtmalerei,[1] aber von ähnlicher Berühmtheit und ohne Zweifel durch Nachbildungen auch den Römern bekannt.

Als eine solche hat Gius. de Lorenzo den thronenden Jüngling mit dem im Schosse ruhenden Blitz auf dem oben genannten Gemälde im Hause der Vettier (p. 116) erklären wollen, eine auf den ersten Blick sehr ansprechende Vermutung, da doch die Spuren am ehesten in Pompeji zu suchen waren, und eine derartige Figur nicht viele andere Deutungen zulässt. Die Vermutung hält indes einer genaueren Prüfung nicht Stand. Aus der zweimaligen Gegenüberstellung der beiden Bildwerke bei Plutarch[2] hat Petersen mit Recht geschlossen,[3] dass der Alexander des Gemäldes ebenso wie der des Lysipp stehend gebildet war und dass ihm der Blitz nicht als blosses Attribut, sondern als wurfbereite Waffe in die Hand gegeben war. Schon dies verbietet es, die Figur auf das Bild des Apelles zu beziehen. Ausserdem lässt sich jene Haltung des Blitzes nicht mit dem plinianischen *digiti eminere videntur et fulmen extra tabulam esse* vereinigen. Die anderen Wanddarstellungen des Zimmers beweisen, dass es sich überhaupt nicht um Alexander handelt, sondern um den jugendlichen Zeus.

Dagegen geht eine stark vertretene Meinung dahin, dass uns in der Gemme des Neisos (abgeb. Taf. VIII. 2) eine auf Apelles zurückgehende, nur eben in die Kunstform der Glyptik übertragene Nachbildung erhalten sei. Stellung und Nacktheit würden hier dem Lanzenträger des Lysipp entsprechen. Wenn wir uns dieser Meinung nicht mit voller Überzeugung anschliessen können, so liegt der Grund weniger in der Zweifelhaftigkeit des Porträts, das bei so kleinem Massstab nicht allzu streng beurteilt werden darf, als in der historischen Unwahrscheinlichkeit, dass schon Apelles den Alexander in dieser absoluten Weise (mit Aegis und Adler) vergöttlicht habe.

[1] Vgl. Wüstmann Apelles p. 54ff.

[2] De Alex. fort. seu virt. 2 und De Is. et Osir. 24.

[3] Röm. Mitt. 15. 1900. p. 162ff.

Der Blitz erscheint übrigens auf dem Gemmenbild als blosses Attribut, und so gehalten, dass man nicht grade an die Worte des Plinius erinnert wird.

Jugendliche nackte Figuren mit dem Blitz in der Hand kommen unter den kleinen Bronzen hie und da vor, z. B. im Mus. Kircherianum zu Rom. Ob auch solche mit ausgesprochenem Alexandertypus, kann ich nicht sagen.

Alexander als Zeus zu Olympia.

Eine Statue des Alexander unter der Gestalt des jugendlichen Zeus (Διὶ εἰκασμένος) stand nach Pausanias V. 25. 1 beim grossen Tempel in Olympia, das späte Weihgeschenk eines Korinthers.[1] Der Ausdruck „zeusähnlich“ kann sich nicht wohl bloss auf den Kopftypus, d. h. auf den Wuchs und Wurf des Haares beziehen, da ja die meisten Alexanderköpfe in diesem Sinne an Zeus erinnerten, sondern es muss damit die Ähnlichkeit mit einem statuarischen Motiv, am ehesten die mit dem olympischen Zeus gemeint sein. — Danach dürfte als mögliche kleine Nachbildung mehr als jede andere die zu Rheims gefundene Bronze der Bibliothèque nationale zu Paris (abgeb. oben p. 117) in Frage kommen, die bei sehr wahrscheinlicher Alexanderbedeutung wenigstens das Körper- und Gewandmotiv des olympischen Zeus deutlich wiedergiebt. Der langgelockte behelmte Kopf ist allerdings ausschliesslich Alexander und hat mit Zeusähnlichkeit nichts mehr zu thun. Aber es lag ja im Vorwurf, dass ebensowohl die Persönlichkeit des Alexander als der Zeuscharakter zur Erscheinung kam, wie dies bei der Bronze der Fall ist. Möglich, dass die Figur, wie Heydemann meint (Pariser Antiken p. 72. 23) ursprünglich ein Blitzbündel statt des Schwertes in der Linken trug.

Erst in zweiter Linie wäre wieder an den Alexander auf der Gemme des Neisos zu denken, für den jedoch, so viel ich sehe, nur sehr entfernt ähnliche Zeusdarstellungen beigebracht werden können.[2] — Vollends würde der Ausdruck Διὶ εἰκασμένος bei dem seltenen Motiv der aegisbekleideten Bronze im Berliner Antiquarium (p. 113) ungewöhnlich erscheinen.

Über eine Vermutung Purgolds vergl. oben p. 14.

[1] Vgl. Purgold Festschrift für E. Curtius p. 236; Schreiber Stud. p. 114.

[2] Vgl. Overbeck Zeus, Münztaf. II. 35, 37.

Der Alexander-Helios des Chares.

Nach Plinius (34, 75) bildete ein sonst nicht bekannter Erzgiesser Chaereas Statuen des Alexander und seines Vaters Philippos. Helbig stellte die Vermutung auf[1], der Name Chaereas möchte bloss eine andere seltenere Form für Chares, und der Künstler jener zwei Statuen identisch mit dem Meister des berühmten Helioscolosses von Rhodos sein. Aus der Verwandtschaft des capitolinischen Alexander-Helios mit den rhodischen Münzen des dritten und zweiten Jahrhunderts v. Chr., welche den Typus des Sonnencolosses reproducieren, sei zu schliessen, dass auch der capitolinische Kopf auf Chares zurückgehe, und dann liege es natürlich nahe, ihn auf eben jene Alexanderstatue zu beziehen, deren Urheber Plinius mit dem Namen Chaereas bezeichne. Der Helioscoloss wurde Ende der 80ger Jahre des 3. Jahrhunderts vollendet, und grade in diese Zeit weise der Stil des capitolinischen Kopfes mit seinem ausdrucksvollen Pathos.

Die Heliostypen der rhodischen Münzen sind nun freilich eine ganz zweifelhafte und zweideutige Stütze, da sie schwerlich von dem Coloss des Chares influenciert sind.[2] Aber wenn der capitolinische Alexander, wie es Helbig für sicher annimmt, als Helios gefasst ist, so wird man allerdings geneigt sein, ihn mit der Heliosverehrung auf Rhodos und mit der dortigen Künstlerschule in Verbindung zu bringen. Ein als Gott dargestellter Alexander wird ja überhaupt erst in hellenistische Zeit gesetzt werden dürfen.[3]

Schreiber stimmt im Resultat der Helbig'schen Hypothese bei, nur dass er die Münzen als nicht beweiskräftig aus dem Spiel lässt, erweitert und spezialisiert dieselbe aber noch in doppelter Weise.[4] Das statuarische Motiv des capitolinischen Alexander-Helios glaubt er mit Sicherheit in der kleinen zu Orange gefundenen Bronze des brit. Museums (oben p. 109) entdeckt zu haben, und ebenso das des Helioscolosses in der Halbfigur Campana (oben p. 76) oder

[1] In dem Monum. Lincei VI. 1895. p. 84 f.

[2] S. Schreiber Stud. p. 270.

[3] Die nach Dareios Tod von Alexander übernommene Proskynesie oder die blosse Beigabe göttlicher Attribute (Alexander mit dem Blitz von Apelles) haben mit der Apotheose nichts zu thun. Sichere Spuren eines zu Alexanders Lebzeiten eingerichteten Cultus sind bis jetzt nicht gefunden worden. S. Niese Histor. Zeitschr. N. F. 43. p. 18.

[4] Stud. p. 124 ff.

noch vollständiger in einer kleinen aus Venedig stammenden Berliner Bronze (abgeb. Stud. XI. 2). Der Beweis für Ersteres liege in der vollkommenen Ähnlichkeit des Kopftypus, der für Letzteres darin, dass der Torso Campana, obgleich kein Porträt, stilistisch dem gleichen Meister zugeschrieben werden müsse wie der capitolinische Alexander,[1] und dass die im Kopf damit übereinstimmende Berliner Bronze offenbar mit Zügel und Peitsche als Helios zu ergänzen sei. Wir hätten also in den beiden Bronzen verhältnismässig noch gute Nachbildungen sowohl von der Alexanderstatue des Chares-Chaereas, als von dem rhodischen Sonnencoloss und mit beiden zugleich die ersten anschaulich bekannten Werke des betreffenden Meisters und seiner Schule. Die zeitliche Priorität müsse natürlich dem Helios zugeschrieben werden, da es undenkbar sei, dass ein Götterbild nach einem Königsporträt entworfen wurde.[2]

Diese ganze Combination besteht aus einer Reihe von Möglichkeiten, von denen die meisten, zumal die auf den Helioscoloss bezüglichen, hart an die Unwahrscheinlichkeit grenzen. Für die Fassung des capitolinischen Alexander als Helios mögen Gründe und Gegengründe noch im Gleichgewicht stehen; für die Identificierung von Chaereas mit Chares schon kaum mehr. Denn wenn dieselbe auch durch sprachliche Analogieen[3] gerechtfertigt werden kann, so ist es doch höchst unwahrscheinlich, dass Plinius ahnungslos über die Identität hinweggegangen wäre. Aus der kurzen Erwähnung *Alexandrum Magnum et Philippum patrem ejus fecit*[4] möchte man auch schliessen, dass zwei gewöhnliche Porträtstatuen gemeint waren, keine vergöttlichten oder leidenschaftlich bewegten Darstellungen wie das Original des capitolinischen Kopfes. Und da beide, wie es scheint, zusammengehörten oder Pendants waren, so hätte auch Philipp vergöttlicht dargestellt sein müssen, was ohne zwingenden Grund anzunehmen kaum gestattet ist. Bei Statuen des Letzteren liegt zudem die Annahme nahe, dass sie bald oder wenigstens nicht gar zu lange nach seinem Tode errichtet wurden, sodass schon in zeitlicher Beziehung eine Identification ihres Urhebers mit dem des rhodischen Colosses mit Schwierigkeit verbunden ist.

[1] Stud. p. 78.
[2] Helbig setzte umgekehrt den Alexander vor den Coloss, um die Wende des 4. u. 3. Jahrhunderts.
[3] Vgl. Schreiber Stud. p. 75 u. 271.
[4] Plin. 34. 75.

Die anderen Künstler, von denen Darstellungen des Philipp erwähnt werden, Euphranor und Leochares, waren beide Zeitgenossen desselben.

Was sodann die Schreiber'sche Herbeiziehung der zwei kleinen Bronzen betrifft, so kann ich nur das oben Gesagte wiederholen: Ich halte die Rückführung der Londoner Bronze auf das Original des capitolinischen Kopfes für eine zwar mögliche (weil in dieser Beziehung Vieles möglich ist), aber typisch nicht gerechtfertigte und daher nicht wahrscheinliche Hypothese. Nacktheit und Schrittstellung mögen jenem Original ebenso wie der Bronze eigen gewesen sein; die körperliche und seelische Bewegung aber war stärker und die Haltung der Arme, wie man aus der voraussetzlichen Schulterhöhe entnehmen muss, die umgekehrte.

Bei der Berliner Bronze ist zu unterscheiden zwischen der allgemeinen Deutung auf Helios und der speziellen auf den Coloss des Chares. Jene ist durch die Gemme, den Aufblick, das Stirnhaar, die mutmasslich in der Linken zu ergänzende Peitsche so mannigfach empfohlen, dass man wohl geneigt sein kann, ihr beizustimmen, obgleich die von den Befürwortern angeführten Gründe für das Fehlen des Strahlenkranzes, des Viergespanns und der Zügel[1] überaus schwach sind. Diese beruht einzig auf der Verwandtschaft des Körpermotivs mit dem der Londoner Bronze, woraus auf die Urheberschaft des gleichen Künstlers geschlossen wird. Der Grund hat aber natürlich bloss Sinn unter den drei unerwiesenen Voraussetzungen, dass die Londoner Bronze ein Alexander-Helios, dass sie von Chares, und dass sie später als der Coloss entstanden sei. Denn an sich spricht die Gleichheit des Körpermotivs durchaus nicht für die Gleichheit des Künstlers, zumal nicht eines solchen, der einigermassen auf Originalität Anspruch macht. Indes wenn einmal Alexander als Helios sollte dargestellt werden, so durfte Chares am Ende das Körpermotiv des Colosses wiederholen. Man muss sich nur wundern, dass er das Körpermotiv beibehalten, dabei aber den eigentlich künstlerischen Vorwurf eines rosselenkenden Sonnengottes mit Zügel und Peitsche[2] aufgegeben hat. Aber die Beziehung der Berliner Bronze auf den Coloss des Chares ist einfach unmöglich. Die schweren Formen,[3] das Motiv der Arme und die doch eigentlich sehr mässige Originalität der Erfindung sprechen gleichermassen dagegen.

[1] Schreiber p. 269.

[2] Vgl. Schreiber p. 128.

[3] Furtwängler Jahrb. d. Inst. VI. Anz. p. 123.

Venatio Alexandri.

Die eherne Jagdgruppe, welche Krateros nach Delphi weihte, bestand nach Plutarch aus dem mit dem Löwen kämpfenden Alexander, mehreren Hunden und dem ihm zu Hilfe eilenden Krateros: ein Werk des Lysippos, bei dem auch Leochares tätig war.[1] Plinius (34. 64) nennt den Lysippos allein. Nach dem Wortlaut des Plutarch glauben Stark und Waldhauer die Tiere dem Lysipp, die Personen dem Leochares zuschreiben zu müssen. Ich sehe eigentlich nicht, inwiefern dies aus der Stelle hervorgeht. Eher könnte man es aus dem Kunstcharakter der Beiden, resp. aus den Werken, die von ihnen überliefert werden, entnehmen, indem Lysippos öfter, Leochares sonst nicht mehr als Tierbildner erscheint. Aber andererseits ist es doch wahrscheinlich, dass nicht die Tiere, sondern Alexander und Krateros die Hauptfiguren waren. Wie kommt es dann, dass Plinius grade nur den Lysippos als Urheber nennt, und Plutarch den Lysippos wenigstens an erster Stelle? Zwingt der Wortlaut überhaupt dazu, eine Verteilung der Aufgabe nach Tieren und Menschen zu statuieren? Könnte nicht ebensogut Lysippos den mit dem Löwen kämpfenden Alexander und Leochares den Krateros mit den Hunden oder umgekehrt gebildet haben? Ich glaube, wir müssen uns bescheiden, die Sache auf sich beruhen zu lassen, da weder die Schriftstellen noch unser Wissen von der Kunst der betreffenden Meister genügende Anhaltspunkte zur Entscheidung bieten.[2]

Löschke wollte die Darstellung eines messenischen Reliefs, das in den Louvre gekommen (oben p. 123), als eine Nachbildung dieses Weihgeschenks ansehen, was schon Furtwängler aus Compositionsgründen zurückgewiesen, da wir es hier nicht mit einer geschlossenen Gruppe, sondern mit einer von Anfang an für das Relief berechneten Darstellung zu thun haben; jede Figur hebt sich mit ihrem ganzen Contour vom Hintergrund ab. Auch ist es, wenn

[1] Τοῦτο τὸ κυνήγιον Κρατερὸς εἰς Δελφοὺς ἀνέθηκεν εἰκόνας χαλκᾶς ποιησάμενος τοῦ λέοντος καὶ τῶν κυνῶν καὶ τοῦ βασιλέως τῷ λέοντι ἀνεστῶτος καὶ αὐτοῦ προσβοηθοῦντος, ὧν τὰ μὲν Λύσιππος ἔπλασε, τὰ δὲ Λεωχάρης. Plut. Alex. 40.

[2] Schreiber ist geneigt, dem Leochares als dem mutmasslichen Schöpfer des Chatsworther Alexanderkopfs die Begabung für das Bildnis abzusprechen und daraus zu schliessen, dass er in der delphischen Gruppe nur die Tierbilder gearbeitet, die Porträtfiguren seinem grösseren Genossen überlassen habe (Stud. p. 224. Anm. 23).

Krateros in der delphischen Gruppe beritten, nicht wahrscheinlich, dass Alexander zu Fuss kämpfend dargestellt war.[1]

Ähnliche Bedenken machen sich bei dem Londoner Gemmenbild geltend (oben p. 134), in welchem Perdrizet trotz der mangelnden Hunde die lysippische Gruppe erkennen wollte. Auch hier der angebliche Alexander zu Fuss und Krateros zu Pferde, ersterer schon halb vom Löwen zerfleischt. Ich glaube, selbst wenn es sich um die Lebensrettung durch Krateros handelte, was nicht notwendig aus den Worten Plutarchs hervorgeht, ist es eine unabweisliche Voraussetzung, dass nicht Krateros, sondern der König als Hauptfigur und als schliesslicher Sieger über den Löwen dargestellt war. Wahrscheinlich gehen all diese Jagdbilder, auch die Composition auf dem Londoner Terracottabecher (p. 123), auf freie künstlerische Erfindungen zurück, die nur im Allgemeinen den Mut des Löwenjägers verherrlichen, ohne auf bestimmte Ereignisse oder Vorgänge Rücksicht zu nehmen[2]. — Der Versuch Waldhauers,[3] die Aktaeonstatue des brit. Museums (abg. Brunn-Bruckm. Denkm. 209a) auf Grund des Londoner Steines als eine Copie der Alexanderfigur der Gruppe nachzuweisen, muss als gänzlich missglückt bezeichnet werden. Schreiber deutet den aufgesetzten Kopf derselben mit Bezug auf die sechs Bohrlöcher im Haar als Helios.[4]

[1] S. Petersen Röm. Mitt. XII. 1897, p. 271. Anm.

[2] Vgl. Judeich im Jahrb. d. Inst. 10. 1895. p. 172; Gräf in Bursians Jahresber. 1901. Bd. 110. p. 121; Schreiber Stud. p. 209 und 110, Anm. 17.

[3] Über einige Portr. p. 54ff.

[4] Stud. p. 70.

SACHREGISTER

FUNDORTE

DIE AZARAHERME IM LOUVRE

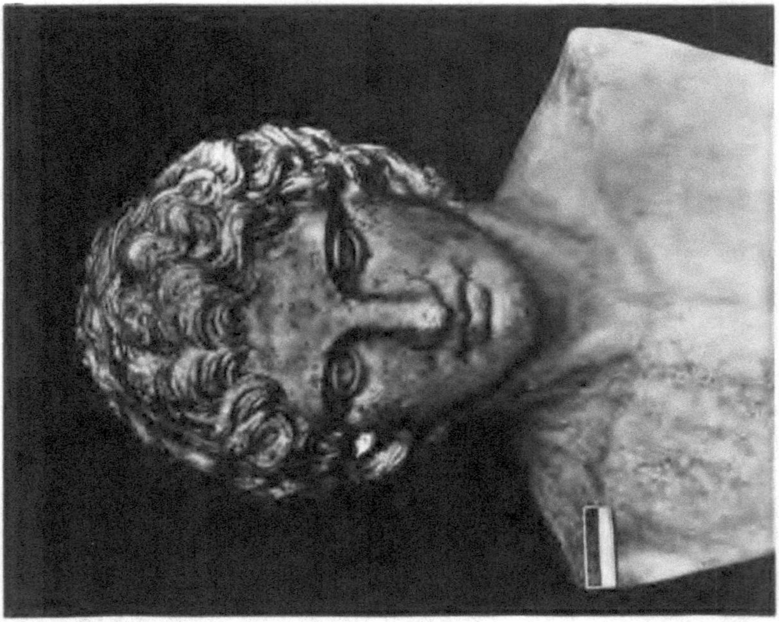

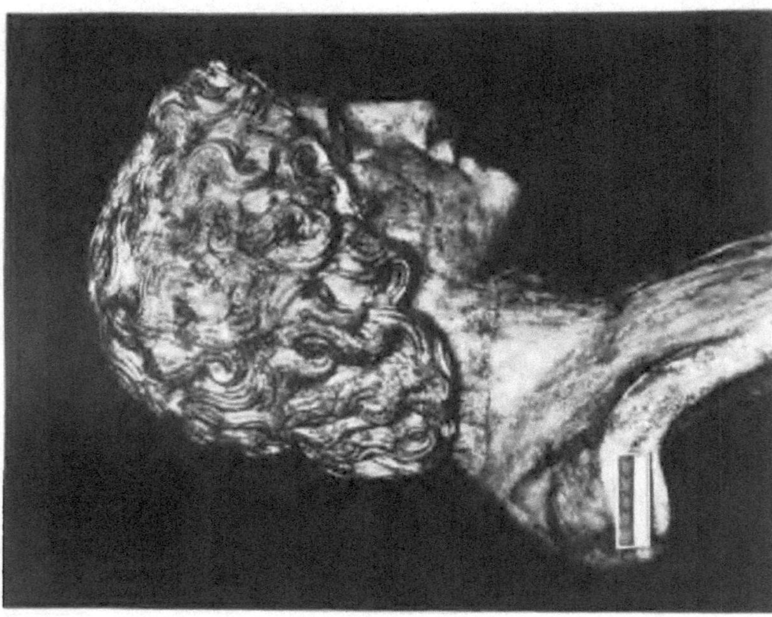

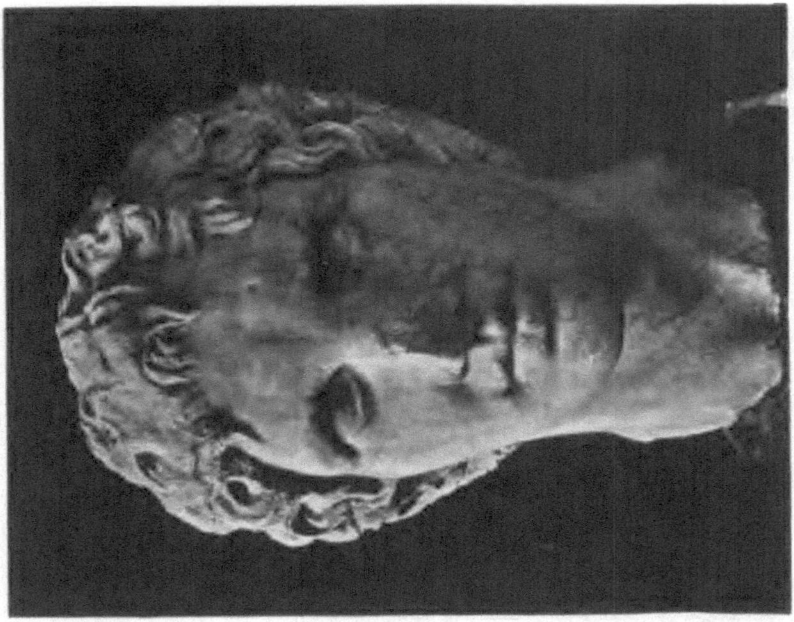

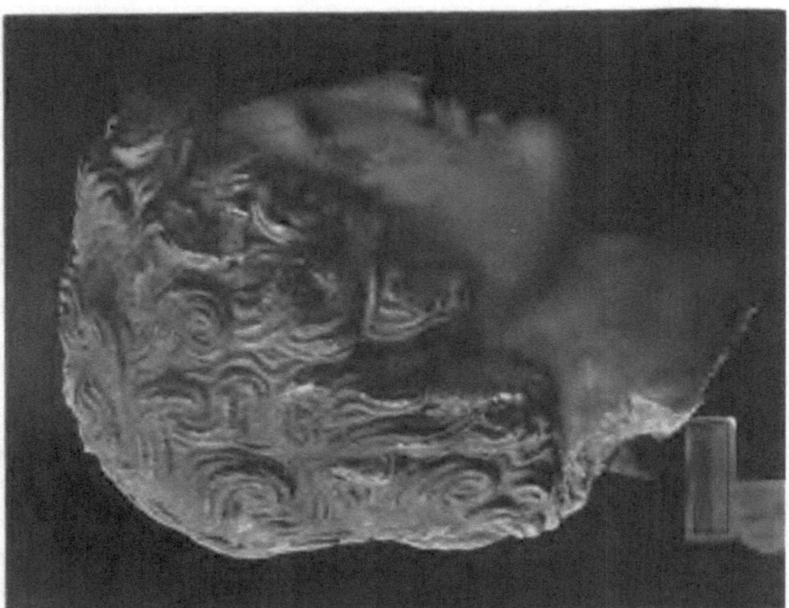

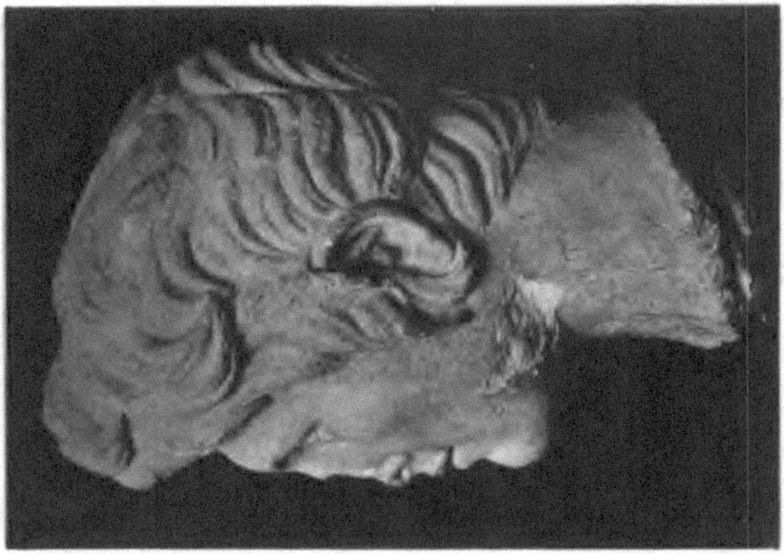

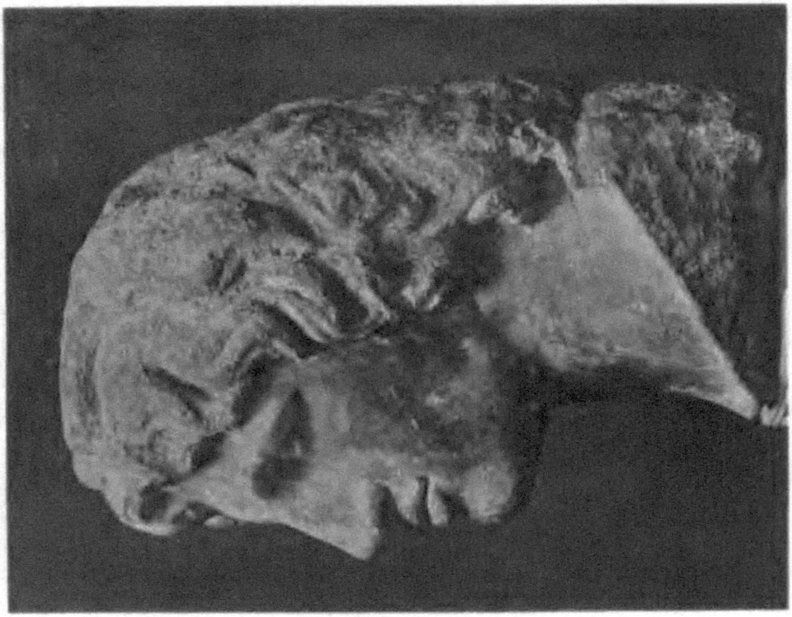

1

2

3

4

1

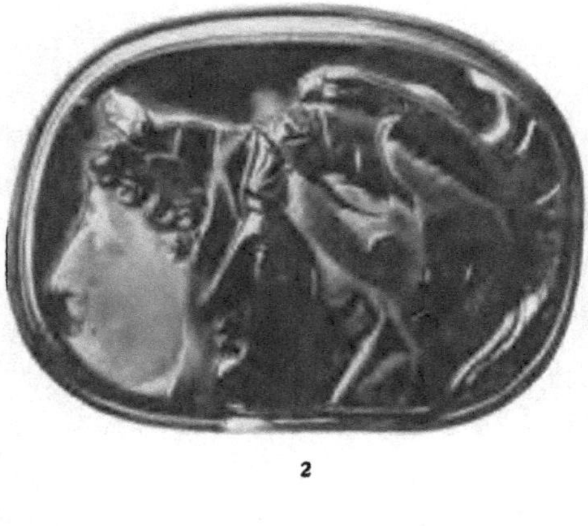

2

1. CAMEO GONZAGA IN ST. PETERSBURG
2. PASTE IN BERLIN